UN CURSO DE AMOR

JOAN GATTUSO

UN CURSO DE AMOR
ENSEÑANZAS SOBRE EL AMOR, EL SEXO Y EL DESARROLLO PERSONAL

EDICIONES OBELISCO

Si este libro le ha interesado y desea que le mantengamos informado de nuestras publicaciones, escríbanos indicándonos qué temas son de su interés y gustosamente le complaceremos. Puede visionar nuestro catálogo en http://www.edicionesobelisco.com

Colección : Nueva Consciencia
Un curso de amor
Joan Gattuso

Título original: *A Course in Love*

1ª edición: Septiembre 2000

Traducción: Verónica D´Ornellas
Diseño cubierta: Judith Roig
Maquetación: Marta Rovira

© 1997 by Joan Gattuso
(Reservados los derechos para la presente edición)
© 2000 Ediciones Obelisco, S.L.,
(Reservados los derechos para la presente edición)

Publicado por acuerdo con Harper San Francisco, una división de Harper Collins Publishers Inc

Edita: Ediciones Obelisco, S.L.
Pere IV, 78 (Edif. Pedro IV) 4ª planta 5º 08005 Barcelona - España
Tel. 93 309 85 25 - Fax 93 309 85 23
Castillo, 540 - 1414 Buenos Aires (Argentina)
Tel. y Fax 541 14 771 43 82
E-mail: obelisco@website.es y obelisco@airtel.net

ISBN: 84-7720-775-5
Depósito legal: B-31.868-2000

Printed in Spain

Impreso en España en los talleres de Romanyà/Valls S.A.
Verdaguer, l, 08786 Capellades (Barcelona)

Reservados todos los derechos. Ninguna parte de esta publicación, incluido el diseño de la cubierta, puede ser reproducida, almacenada, transmitida o utilizada en manera alguna ni por ningún medio, ya sea eléctrico, químico, mecánico, óptico, de grabación o electrográfico, sin el previo consentimiento por escrito del editor.

*Desde mi corazón y mi alma
este libro está dedicado con amor a
mi marido y alma gemela,
David S. Alexander,
por quien valió la pena esperar.*

El Conocimiento

En nuestro interior existe el recuerdo de que podríamos tener una relación amorosa con otra persona, de que ésta podría ser sagrada, estar llena de dulzura, de que podría tener la bendición del cielo. Y de que ese amor podría extenderse a todo el mundo.

En alguna parte de nuestro interior hay un lugar que recordamos y conocemos. Quizá hoy se haya convertido en un débil susurro, pero cuando estamos quietos todavía podemos oírlo.

A lo largo de todas las locuras que se han cometido en nombre del amor, en los patrones disfuncionales y las lágrimas y los miedos, debajo de todo eso hay un antiguo conocimiento. No estamos aquí para batallar y crear un infierno sobre el terreno sagrado de Dios; estamos aquí para amarnos los unos a los otros, para experimentar juntos el cielo.

El Conocimiento

Agradecimientos

Algunas personas en mi vida han hecho que mi viaje sea más enriquecedor y estimulante, y deseo expresarles mi gratitud:

A todas aquellas personas que me han apoyado durante tanto tiempo y que han creído en mí; especialmente a mis padres, Jim y Vivian; mis hermanos Jim y Perry; mis amigos de siempre, Susy Miller Schwabe, Ginna Bell Bragg, Nancy Miller, Pat McClain y Roger Goins. Gracias por vuestro amor durante mis años de drama y hasta el presente.

A Sandy Daleiden, la amiga de David que «supo» que yo era su alma gemela.

A John Broad, quien tuvo el valor de hablarle a aquello que vio en mí y salvó mi vida, y a Ronn Liller.

A Felicia Hyde-Martínez, nuestra asistente administrativa de la iglesia, que siempre da el cien por cien y que recogió los platos rotos para que yo pudiera escribir.

A Kim Cahuas, mi maravilloso administrador.

A mis hijastras, Robyn, Lisa y Julie, y a sus familias. Fuisteis una enorme bendición, y os doy las gracias por aceptarme de una forma tan absoluta.

A mi compañera de Master Mind, Marleen Davis.

A Linda Spencer, mi hermana del alma y compañera en el camino, quien rezó por mí sin cesar, quien creyó en mí y en el mensaje de este libro, y celebró cada paso conmigo.

A mis maestros espirituales, la Hermana Augustine, domimica; Joyce Kramer; Martha Guidici; Dennis Adams; la Dra. Jean Houston y Su Santidad el Dalai Lama.

A mi amorosa y consciente congregación, Unity of Greater Cleveland.

A Marianne Williamson, quien me ayudó a dar a luz a la idea de este libro en Octubre de 1992, y a Wayne Dyer, quien alimentó la idea en Diciembre de 1992. Vosotros dos avivasteis la llama y la idea se hizo realidad.

A Dan Wakefield, mi ángel guardián. Has bendecido mi vida de una forma inconmensurable.

A mi agente literaria, Anne Sibbald, por decir que sí. Tú sí que eres perfecta.

Al personal ideal de Harper San Francisco, especialmente a la editora Lisa Bach por encargarse de este proyecto en medio de la corriente y realizar un excelente trabajo, y a Barbara Moulton por creer en el mensaje y por tu entusiasmo por sacarlo fuera.

A Joel Fotinos, director de marketing, un espíritu afín cuya pasión por este proyecto es mi bendición.

A aquellas personas que me ayudaron a aprender la importancia del perdón y aquellos que me enseñaron lo que es realmente el amor. Os doy las gracias a todos.

Y, desde lo más profundo de mi ser, a Joan Kirkwood Miley, que fue mi secretaria hace unos años, quien siempre ha creído en mí y en mi mensaje, nos dedicó a mí y a este proyecto numerosas horas durante los últimos dos años y descifró el río de mi consciencia escrito a mano. Te doy las gracias por haberme dado tanto y por tu estímulo, tu amor, amistad y apoyo. Eres un tesoro y una amiga muy querida.

A mi marido, David S. Alexander (amor de mi vida, alma gemela, regalo de Dios, y, hasta ahora, mi mejor manifestación del Principio espiritual), gracias por tu amor y por estar dispuesto a hacer lo que fuese necesario para ayudarme a dar a luz a este libro. Te estoy eternamente agradecida.

Al Espíritu Santo, por los años de inspiración y guía, y por el amor que me envuelve en todo lo que hago.

Introducción

David tenía diez años cuando lo supo. Yo era mayor, quizás tuviera unos catorce años, cuando lo supe.

Sabíamos que existía la *posibilidad* de tener una relación amorosa en la cual el alma atrae hacia sí a la pareja perfecta. Esta pareja no llenaría nuestro vacío, pero complementaría a la perfección la plenitud de nuestro ser interior, de nuestro espíritu.

Como niños que vivían en un pueblo en el corazón de América en los años cincuenta y sesenta, no tuvimos muchos modelos de una relación así, amorosa y plena. Cuando los dos atravesamos la pubertad, ciertamente que jamás oímos hablar de estar con tu alma gemela y tener una relación jubilosa. Pero sabíamos que había una forma singular de estar en una relación, y que no cesaríamos la búsqueda hasta encontrarla.

El mensaje predominante para las mujeres en aquellos días era que, en el mejor de los casos, una tenía que soportar a los hombres. La creencia común era: «No podemos vivir con ellos y no podemos vivir sin ellos». La mayoría de los hombres decían lo mismo de las mujeres. Ambos bandos en la batalla de los sexos se hacían fuertes con la suficiente rabia, hostilidad, expectativas incumplidas y crueldad como para que la guerra continuase durante años. En la mayor parte de las relaciones se trataban, y sigue siendo así, de pelear unos contra otros en un intento de manipular a la pareja para que satisfaga nuestras necesidades insatisfechas.

No obstante, la llama de otra posibilidad continuaba ardiendo, y a pesar de no haber pruebas tangibles que corroborasen esta certeza interior, permanecía con nosotros. A lo largo de dos matrimonios tempranos y desafortunados, permaneció conmigo. Esto también le sucedió a David. Él también pasó por dos matrimonios que acabaron en divorcio.

En mi alma, yo sabía que las relaciones tenían que ser sagradas, y no un infierno. Amar a otra persona significaba amarla siempre, no sólo cuando hacía lo que yo quería que hiciera o decía lo que yo quería que dijese. El amor tenía que ser incondicional, o no era amor. Estar juntos sería fácil, no un trabajo. Seríamos amables y considerados el uno con el otro de una forma natural. Comportarse de otro modo sería antinatural. estaríamos a gusto juntos. Tendríamos muchas cosas en común y respetaríamos nuestras diferencias. Nuestras esencias conectarían.

Como dice Leslie Parrish Bach en el libro de su marido Richard Bach, *Un Puente al Infinito*, «Un alma gemela es alguien que tiene cerraduras en las que nuestras llaves encajan, y llaves que encajan en nuestras cerraduras. Cuando nos sentimos suficientemente seguros para abrir la cerradura, nuestro ser más auténtico sale hacia afuera y podemos ser completamente y honestamente quienes somos, podemos ser amados por ser quienes somos y no por ser quienes fingimos ser».

Juntos, conoceríamos a Dios. El aspecto sexual sería fácil y placentero, pero sería sólo una parte de la magnificencia. Nuestro amor abarcaría a otras personas, en lugar de excluirlas por considerarlas una amenaza a nuestra relación. Una relación así le proporcionaría un toque celestial a nuestras vidas cotidianas.

Elizabeth Bowen escribió: «Ciertos libros llegan para encontrarse con uno, como lo hacen las personas». Un texto espiritual titulado *Un Curso de Milagros* llegó para encontrarse conmigo en Noviembre de 1976. Estoy totalmente de acuerdo con la descripción que hace Marianne Williamson de *un Curso de Milagros*: «un programa de psicoterapia espiritual para el estudio de uno mismo». Al empezar a estudiar el *Curso* en profundidad, mi alma resonó con las enseñanzas espirituales que contenía. Aunque el material era similar a lo que había estado aprendiendo en mis estudios de las enseñanzas de Unity y mediante la meditación, aclaró todos los aspectos de la vida. Un *Curso de Milagros* es la base de mi comprensión espiritual. Sus enseñanzas sobre las relaciones y su afirmación de cuán gloriosas pueden ser, son más claras y mejores que cualquier otra cosa que yo haya encontrado.

Cuando empecé a estudiar y a aplicar estos principios espirituales, entré en un nuevo camino, un camino que me llevó a una serie de prácticas, enseñanzas y aventuras espirituales. Mi vida empezó a transformarse de una forma radical, y comencé a ver la vida entera desde un punto de vista distinto, viendo las relaciones de una manera que nunca me habían enseñado.

Aquello que, en el fondo de mi alma, yo sabía que era cierto, estaba siendo confirmado ahora por estas enseñanzas: es posible tener amor sin conflicto, perdonar completamente el pasado, que la felicidad sea el propósito de las relaciones, saber que las relaciones han de ser sagradas. Me aferré a estas verdades e inicié un asombroso viaje de transformación. En *Un Curso de Amor*, te ofrezco este viaje y aquello que podría ser tuyo.

En la primera parte de este libro veremos el estado actual de la mayoría de las relaciones. Un análisis honesto y serio de ellas sugiere que casi todos nosotros nos hemos conformado con la norma disfuncional: las relaciones nacen del ego y no del espíritu.

La segunda parte del libro va más allá de esta norma inaceptable de lo que es posible en nuestras relaciones. El viaje desde el infierno hasta las relaciones sagradas se despliega paso a paso, para que tú, lector o lectora, puedas realizar este viaje y crear una relación transformadora.

El final del viaje (una relación sagrada) es el tema de la última sección. ¿Qué aspecto tiene una relación sagrada, transformadora? ¿Qué hace que dos personas sean almas gemelas? En esta sección comparto la milagrosa historia de mi encuentro con mi alma gemela y cómo nuestro amor nos unió a través del tiempo y el espacio. También, miraremos en profundidad las uniones felices de otras parejas que disfrutan de unas relaciones exitosas, llenas de amor. Si todavía no tienes una relación sagrada, aquí encontrarás todas las herramientas necesarias para transformar los patrones repetitivos de relaciones fracasadas en relaciones fáciles, alegres, energizantes, amorosas, felices, sanas y libres.

Yo incorporé los principios espirituales que enseña el *Curso de Milagros* y, con mi propia fe espiritual, los apliqué sin cesar a mi vida y a mi historia. Aprendí a elevarme por encima de la consciencia de víctima hasta llegar al gobierno de mí misma, saliendo del miedo, el dolor y la separación, y entrando en el amor, la paz y la dicha.

Lo he hecho. Tú también puedes hacerlo. Es mucho más que una posibilidad. Es como tiene que ser la vida. Si tú también albergas en tu corazón lo que yo llamo «el conocimiento», compartiré contigo este fragmento del tesoro de Richard Bach, *Ilusiones*: «Nunca se te concede un deseo sin que se te conceda también el poder para hacerlo realidad. Sin embargo, tendrás que trabajar para realizarlo».

El 25 de Julio de 1986, mi alma gemela y yo nos conocimos y empezamos a caminar juntos hacia Dios. Esta es nuestra historia del despertar espiritual y de llevar aquello que el corazón sabe que es cierto hacia una expresión viva, que respira.

Llegar hasta aquí no fue fácil, pero David bien valió la espera y el trabajo. Mi ruego y mi más sincero deseo es que tú también conozcas el amor de una forma viva, renovadora.

La manera en que el mundo ve las relaciones no funciona. Hay otra forma de verlas que verdaderamente funciona, y yo la he encontrado. Ahora tú también puedes tener un amor verdadero.

1
Relaciones: ¿Sagradas o infernales?

Sam y Kathy se conocieron en el departamento de graduados, donde él estudiaba y ella trabajaba en la administración. Fueron amigos durante un tiempo y al final empezaron a salir de un modo informal, con lo cual, al poco tiempo estaban saliendo en serio.

Al principio, no dejaban de elogiar las virtudes del otro. Sam le dijo a su familia y a sus amigos que por fin había encontrado a la mujer de su vida. Ella personificaba todo lo que él deseaba en una esposa. Era una rubia guapísima y tenía una carrera prometedora, pero estaba dispuesta a poner la carrera de él por delante de sus propios objetivos. Poseía una inteligencia aguda y encontraba que él tenía un sentido del humor encantador. Era atlética y amaba sus equipos deportivos tanto como él. Era capaz de cuidar de sí misma, y él sabía que también cuidaría de él.

Por otro lado, Kathy acababa de poner fin a una relación de cinco años con un hombre incapaz de comprometerse. En la época en que Sam empezó a cortejarla de una forma más directa, Kathy estaba cansada de ser «la que siempre está dando y dando. La próxima vez elegiré a alguien que quiera darme a mí».

Kathy disfrutaba estando con Sam, y tenían muchos intereses en común, así como objetivos profesionales similares. Ella sabía que, con el tiempo, podría ayudar a Sam a cambiar esas pocas características suyas que a ella no le gustaban o que encontraba irritantes.

Llegado este punto, las señales de peligro ya eran evidentes. He aquí algunas de las más obvias, que finalmente acabarían condenando la relación de Sam y Kathy:

- El primer comentario que Sam hacía acerca de Kathy a sus amigos, siempre tenía que ver con su apariencia física: «guapísima y rubia».

- Kathy estaba dispuesta a poner las metas de Sam por delante de las suyas.

- Sam sabía que Kathy cuidaría de él.

- Hacía poco tiempo que Kathy había puesto fin a una relación conflictiva.

- Kathy esperaba «ayudar a que Sam cambie».

Más adelante analizaremos en profundidad por qué estas señales apuntan a una relación que evolucionará hacia el conflicto, el sufrimiento y el fracaso. Por ahora, limítate a analizar cómo podrían aplicarse estas señales de peligro a tu propia relación.

Sam y Kathy estuvieron rompiendo y reconciliándose una y otra vez durante dos años, pero todos sus amigos veían que realmente se querían y que tenían una relación «especial».

Un Curso de Milagros enseña una visión radical de lo que significa «especial». El factor de «especialidad» no se contempla como algo maravilloso, amoroso y positivo, sino como algo que nos aísla y nos llena de miedo; miedo de que, en cualquier momento, aquello que percibimos como amor y la unión de dos almas nos pueda ser arrebatado. Mientras vivimos en la consciencia de «especialidad», vemos a los demás como separados y apartados de nosotros, negando ferozmente, a través de nuestras creencias y acciones, nuestra unidad subyacente.

Cuando vemos las relaciones especiales con claridad, podemos ver que son codependientes, compulsivas. Al mantenerse unidas por el ego, estas alianzas poco sanas están condenadas al fracaso. Debemos darnos cuenta de que «especial» es un sustituto pobre de lo que podría ser. Hemos aceptado el carácter "especial", que separa y produce dolor, en lugar del carácter sagrado, que une y brinda amor.

Especialidad no es amor. Es un sustituto del amor. Cuando dos personas que se aman tienen una relación especial, se alza para siempre un muro entre ellas, manteniéndolas separadas y apartadas, solas y aisladas.

Mientras estemos en una relación "especial", estaremos siempre dispuestos a asumir el papel de juez, jurado y verdugo de nuestro amante por cualquier comportamiento o actitud que no corresponda con nuestra imagen de cómo debería ser. El carácter «especial» se mantiene vivo únicamente a través de la derrota de nuestra anterior pareja: despreciándola, juzgándola o desvalorizándola.

Piensa en las ocasiones en que has considerado indigna o insignificante a una persona a la que una vez dijiste amar o la que, al menos, te importaba profundamente. Este es el carácter «especial» en acción. He aquí algunas banderas rojas de una relación especial:

- Amas a alguien por lo que él o ella te puede dar, por ejemplo: un nombre, un hogar, seguridad, hijos, riqueza, sexo.

- Sientes la necesidad de rescatar a la otra persona.

- Un amante se convierte rápidamente en un enemigo.

- Lo que antes llamabas amor pronto se convierte en desprecio, o incluso odio.
- El aspecto físico de la relación es de suma importancia.
- Los cuerpos lo son todo: la esencia no es importante. Te centras en el envoltorio y jamás examinas la esencia interior.
- Sientes que debes rehacer a tu pareja, ofreciéndole el mensaje de que él o ella no es suficientemente bueno o buena tal como es ahora.
- Siempre señalas lo que le falta a tu pareja.
- La relación está plagada de juicios, culpa, dolor y rabia.
- Siempre mantienes al «objeto de tu amor» a una corta distancia, para analizarlo o escudriñarlo.
- No confías en nadie, sólo en ti mismo o en ti misma.
- Prácticamente desde el inicio de una nueva relación, empiezas a renunciar a partes de aquello que hace que seas único o única.
- Haces comparaciones constantemente, intentando establecer tu valía desvalorizando a tu pareja.
- Consideras que los demás están por debajo o por encima de ti porque te fijas en las diferencias entre las personas, en lugar de fijarte en sus similitudes.
- La cualidad de «especial» hace que siempre estés listo o lista para el ataque, para encontrar faltas, para ajustar, rehacer, corregir o cambiar como una manera de «ayudar».

- Esperas que tu pareja satisfaga tus necesidades.

- Ves a la otra persona como un objeto, antes que como una hermana o hermano, alguien como tú.

- Le pones límites al amor.

- Un pequeño susurro que no te gusta, una circunstancia que no te agrada, un acontecimiento inesperado: cualquiera de estas cosas puede alterar tu frágil mundo, lanzándote al caos.

- Todo es una amenaza para tu relación.

Nuestras listas individuales de «especialidad» adquieren un sinfín de formas, pero los pensamientos y sentimientos subyacentes siempre están golpeando nuestra herencia divina y negando inexorablemente la profundidad del amor que uno podría experimentar. El resultado final, sin importar la forma de expresión que adopte, es siempre el mismo: ¡dolor! Elegimos tener una relación especial en lugar de elegir la paz, en lugar del cielo, en lugar del amor verdadero.

La idea de que la causa del sufrimiento en las relaciones es el deseo de que éstas sean especiales se puede remontar a dos mil quinientos años atrás, a las enseñanzas de dos renombrados filósofos chinos, Lao-tzu y Chuang-tzu, los padres del Taoismo. Ellos comprendieron que todas nuestras aflicciones existen porque creamos la separación y la condición de especiales para nosotros mismos. Cuando nos separamos de los demás, estamos en conflicto con ellos. Nuestro deseo de ser especiales es la causa de nuestro sufrimiento.

Sam y Kathy se mudaron a otra parte del país, donde Sam tenía la magnífica oportunidad de progresar en los negocios. Kathy abandonó, de bastante buena gana, su exitosa y valiosa carrera para poder mudarse. Pero en su nueva ubicación no pudo encontrar una posición similar. Durante varios meses trabajó temporalmente como empleada de una editorial, pero se aburrió de inmediato y estaba cada vez más insatisfecha.

Finalmente se unió a Sam en los negocios, y juntos crearon una exitosa empresa. A juzgar por todas las apariencias externas, su vida en común parecía ser maravillosa, pero bajo el barniz de especialidad se estaban creando importantes conflictos.

Kathy sentía un gran resentimiento hacia Sam debido a la mudanza que la había obligado a renunciar a una carrera gratificante. Verlo a él tan satisfecho con su carrera le resultaba cada vez más irritante. Ya no se sentía tan unida a Sam. Cuando intentaba hablar de sus sentimientos, él se limitaba a bromear y a decirle que él se sentía estupendamente y que no había ningún problema. A Kathy le venían recuerdos de su dolorosa relación anterior. Sentía como si estuviera empezando a revivir su pasado.

Muchos problemas reales y profundos continuaron saliendo a la superficie en lo que parecía ser una relación feliz. En aquella época, ni Sam ni Kathy tenían las herramientas o la sabiduría para resolver estos conflictos con éxito. Después de un par de años en los que cada uno de ellos mantuvo la postura de «Si tú cambiaras, todo estaría bien entre nosotros», ambos estaban agotados. Sam no deseaba cambiar esas características que irritaban a Kathy. En realidad, el hecho de que Kathy se quejase de ellas constantemente se convirtió en una irritación extrema para Sam. La situación continuó deteriorándose hasta que Kathy y Sam se separaron, y luego se divorciaron.

Para Sam y Kathy, el resultado final de ocho años de luchas de ego, rupturas y reconciliaciones fue un divorcio después de tan sólo tres años de matrimonio.

Su historia no es única. El índice de divorcios en los Estados Unidos no es del 50 % porque seamos todos expertos en crear relaciones amorosas, compasivas y duraderas. Lo que la mayoría de nosotros sabe hacer es tener romances o aventuras amorosas breves. Somos agradables sólo mientras nuestras necesidades del ego son satisfechas. Cuando ya no se satisfacen estas necesidades, la mayoría de las personas hace las maletas y sale corriendo; cuando no es físicamente, es emocionalmente y mentalmente. Es decir, podemos quedarnos durante cincuenta años, pero llevamos vidas de «silenciosa desesperación», como dijo Thoreau. Todos nosotros conocemos parejas que encajan en esta descripción. Quizás sientas que esto te describe a ti.

Siempre que estamos en una relación que se basa en lo que podemos conseguir, antes de basarse en lo que podemos ser, hacer y dar, es «especial», y no durará. Las relaciones "especiales" son el modelo americano. Nos unimos como dos personas heridas, que no han sanado, que esperan que satisfagan sus necesidades. Lo más probable es que no reconozcamos la verdadera dinámica de la situación y quizá nunca lleguemos a identificar el verdadero problema.

Una relación especial es nuestro intento de revivir el pasado y tener, esta vez, un desenlace distinto. Este tipo de relación se basa en las necesidades del ego y no en el amor. Podemos llamarla amor, pero no lo es. Cuando nos hallamos en este tipo de relación, siempre vemos los defectos de los demás, especialmente los de nuestra pareja. Si él, o ella, hiciera esto, fuera aquello, o dijera tal cosa, entonces mi vida funcionaría. Yo sería feliz. Proyectamos nuestra capacidad de ser felices en nuestras parejas y esperamos que nos hagan felices, que satisfagan nuestras necesidades y que vivan según nuestras expectativas.

La reacción a esta situación es predecible. Cuando tu pareja satisface tus necesidades, entonces crees que eres feliz y estás satisfecho. Cuando tu pareja no está a la altura de tus expectativas, te sientes traicionado y vacío. La verdad de esta situación es que cuando el resplandor inicial se empieza a apagar, tus necesidades ya no pueden ser satisfechas y eres infeliz. Ella se convierte en la fuente de tu infelicidad. Él se comporta de un modo egoísta. Ella es desconsiderada a pesar de todo lo que tú le das. Mientras tanto, él se queja a sus amigos de ti y de tus demandas excesivas, y peor aún, de tu creciente pérdida de interés en el sexo. Tú no te sientes querida y él no se siente querido; ninguno de los dos consigue, ni conseguirá, que se satisfagan sus necesidades.

Las parejas suelen enredarse en una telaraña de trueques (Si tú satisfaces mis necesidades, yo haré lo que tú quieras, seré lo que tú quieras) y de puntuación (¿Quién hizo qué la última vez por el otro?) Pero esto no funcionará. No puede funcionar porque el amor no es un canje.

Lo que tus padres no supieron enseñarte

En la escuela nunca te enseñaron una de las lecciones más importantes acerca de las relaciones. De haber sido así, hubieras estado bien servido. Tu padre y tu madre tampoco te la enseñaron jamás, pero únicamente porque no sabían. Hela aquí: Presta atención y piensa en ello. *Nadie puede satisfacer tus necesidades, excepto tú.* ¡Nadie! Seguiremos buscando, pero nunca encontraremos a la persona adecuada. Continuamos pensando que, si tan solo pudiésemos encontrar a la persona adecuada, entonces todos nuestros problemas se acabarían.

¡Acéptalo! Porque es la verdad. Nadie puede satisfacer tus necesidades, excepto tú. Puedes llorar por ello, ponerte furioso, poner mala cara y gritar, pero, si no vives de acuerdo con ello, el resultado será siempre el mismo: la infelicidad. Puedes intentar coaccionar y manipular, buscar el compromiso, o incluso enfermar físicamente, pero el resultado no cambiará. Dos personas infelices seguirán estando perdidas, no sanarán y serán infelices si creen que satisfacer sus necesidades y hacerlas felices es responsabilidad de la otra persona.

Buscar y no encontrar es el juego del ego. Buscamos siempre fuera de nosotros mismos una respuesta que sólo puede hallarse en nuestro interior. Deseamos desesperadamente encontrarla en el mundo exterior. Seguimos insistiendo en que debería estar ahí, pero no lo está. Cuanto antes comprendamos que no encontraremos aquello que buscamos fuera de nosotros mismos, antes podremos bajar del carrusel de relaciones fracasadas y avanzar. Nadie puede darte lo que tú no estás dispuesto a darte a ti mismo.

En una relación "especial", cada una de las partes mantiene ciertas porciones de sí misma separada del otro. Dentro de cada una de ellas existe el temor abrumador de que, si su pareja llegase a ver lo que hay en lo más profundo de su interior, retrocedería aterrorizado. La verdad de una relación especial es que no nos amamos a nosotros mismos lo suficiente como para ser capaces de amar verdaderamente a otra persona.

Todos hemos oído: «Ama al prójimo como a ti mismo». La mayoría de nosotros no hemos aprendido nunca a amarnos, de modo que, ¿cómo podríamos amar a nuestro prójimo, a nuestro amante, a nuestro marido o nuestra esposa? Hemos recibido tantos mensajes estropeados, falsos, acerca del amor que, para la mayoría de nosotros, el amor se ha convertido en una fantasía, en una palabra del pasado, que nunca se realizará.

Nuestra insistencia en que la relación sea "especial" nos impide darnos cuenta de la voluntad de Dios en nuestras relaciones. La voluntad de Dios para nosotros es siempre que conozcamos el amor. Dios entrega su amor por igual a cada uno de nosotros. En él tenemos libre albedrío para decidir si aceptamos el mensaje del amor ahora o en algún momento futuro en el tiempo. Hasta que aceptamos los modos del verdadero amor, en nosotros permanece el conocimiento, aunque débil, de que la "especialidad" no nos proporcionará aquello que verdaderamente deseamos, ni reconoceremos quiénes somos realmente.

En lugar de vivir un cielo en la Tierra, como el amor de Dios desearía que ocurriese, hemos creado un infierno aquí y ahora y lo hemos llamado "nuestro hogar". Mientras estamos en una relación "especial", estamos dormidos, rodeados de un mundo de belleza que no vemos. Vivir en el mundo que crea la "especialidad" es como vivir en una pesadilla y no saber que es sólo un sueño. Golpeamos el suelo con el pie, insistiendo, en el sueño, en que se trata de la realidad. Si deseamos liberarnos de los efectos dañinos de la "especialidad", debemos estar dispuestos a cuestionar todos los valores que apreciamos. Este proceso puede ser aterrador y podría hacer que los egos se pongan furiosos.

Ahora, al mirar atrás y contemplar los años de mi despertar espiritual y de crecimiento de mi alma, puedo ver con claridad que cada paso fue necesario y esencial, pero durante las diversas etapas, especialmente las primeras, ciertamente que esto no era evidente. Entré en este camino dando patadas y gritando, insistiendo en que todavía deseaba hacerlo a mi manera. Tardé años en comprender que quizás, sólo quizás, Dios tenía una manera mejor. Existía la posibilidad de que Él tuviera una razón para que estuviéramos juntos en el tipo de relación que yo había conocido intuitivamente siendo adolescente, pero que nunca había experimentado.

Como pastora he oficiado en varias bodas. Al estar con las parejas durante esta época feliz, encuentro interesante observar sus dinámicas personales. Felizmente, la mayoría de ellas parecen estar muy unidas. Otras, sin embargo, están mucho más preocupadas por los adornos externos que por lo que está sucediendo realmente. He visto novios que continuaban intentando complacer a una madre dominante y novias que lloraban histéricamente momentos antes de empezar. La gente siempre dice que son los nervios, pero yo percibo mucho más. Yo también fui una vez una novia llorosa, que sabía absolutamente que la larga caminata por el pasillo, vistiendo un traje caro en una iglesia cavernosa, era un gran error. Me tragué lo que sabía, y caminé.

Ruego que sólo me pidan que oficie bodas de parejas que están verdaderamente unidas y que nunca me pidan que case a las que no lo estan. En algunas ocasiones este no ha sido el caso.

Un sábado, me encontré con una de las novias del año anterior en una tienda del barrio: Shannon, una mujer hermosa y menuda que parecía la muñeca de su pastel de novios. Su boda siempre permanecerá grabada nítidamente en mi memoria. Hacía 30 grados de temperatura y la ceremonia se celebró en el exterior. Hubo momentos en los que creí que toda la fiesta de boda se vendría abajo en el momento preciso. Al preguntarle cómo estaban Andrew y ella, me quedé de piedra cuando me respondió: «¡Divorciados!». Divorciados en el transcurso del primer año. No conozco los detalles de la historia de Shannon y Andrew, pero como sucede con muchas otras parejas, no transcurrió mucho tiempo antes de que sus exigencias respaldadas por el ego estuviesen fuera de control. Lo que había sido un amor «especial» se convirtió en un odio «especial».

Ann y Tim tuvieron una relación «especial» desde el principio. Él era mayor que ella y autoritario, era el moldeador; ella era joven y moldeable, o eso fue lo que él creyó. Ann estaba dispuesta, inicialmente, a hacer lo que fuere y ser lo que fuere para complacer a Tim. Su primer matrimonio había terminado poco tiempo atrás, de una forma dolorosa, después de que su marido le anunciara que la dejaba para casarse con un hombre. No hace falta decir que Ann tenía un inmenso sentimiento de haber sido rechazada. Su autoestima estaba por los suelos.

Tim estableció rápidamente el curso para Ann, controlando su dieta, su ejercicio, su lectura, sus estudios, su ingesta de vitaminas y su vestuario. Quizás imaginó que era el Profesor Higgins de *My Fair Lady*, pero Ann no era Eliza. Ann se rebeló y se divorciaron. Tim se casó al instante por tercera vez y al poco tiempo empezó a tener una aventura amorosa con Ann. Ella ya no deseaba ser cambiada, pero era adicta a la conducta dominante pero encantadora de él y a su habilidad sexual. Ella había caído en la trampa de la típica relación "especial" y parecía ser emocionalmente incapaz de vivir sin él.

Siempre que creas que no puedes vivir sin otra persona, *cuidado*. La creencia de que tu vida misma depende de otra persona es una clara advertencia de que la relación no es sana. Así que, ¿qué es lo que hace la mayoría de nosotros? Nos metemos audazmente en ella. Sabes que es así. Probablemente lo has hecho. Yo lo he hecho. Casi todas las personas que conocemos lo han hecho.

De modo que, ¿qué crees que hicieron Ann y Tim? Él se divorció de su esposa número tres y Ann y Tim se volvieron a casar. Era un nuevo matrimonio que albergaba la promesa de que esta vez todo sería distinto. Por supuesto que no lo fue. No podía serlo porque ellos no eran diferentes a como eran antes. Seguían siendo las mismas almas heridas que habían sido seis años atrás. No cambiaron simplemente por pronunciar la palabra "cambiaré". El cambio sencillamente no tiene lugar por el simple hecho de que lo digamos nosotros. Para cambiar verdaderamente, para convertir una antigua pauta negativa en una nueva pauta de apoyo hace falta una enorme cantidad de voluntad, de compromiso y de trabajo. Nunca ocurre simplemente porque lo deseemos.

En el caso de Ann y Tim, esta vez no fue exactamente igual que antes. Fue peor. Cuando ella ya no estuvo dispuesta a seguir siendo su juguete, estalló la violencia física. Él continuó con sus aventuras amorosas y la relación fracasó. El fracaso de la relación, ¿fue culpa de él? No. ¿Fue culpa de ella? No. Tanto Ann como Tim vivían con sus heridas emocionales, heridas que penetraban tan profundamente en sus almas que interfe-rían constantemente con la capacidad de Ann y Tim de estar verdaderamente el uno con el otro.

Encontrar de quién es la culpa no sirve. Encontrar en la psique las heridas del alma subyacentes que atrajeron una relación así, sí sirve.

Lo que inicialmente atrajo a Tim hacia Ann fue exactamente aquello que él quiso cambiar cuando la relación empezó a desarrollarse. En una relación "especial", lo que nos atrae es exactamente aquello que más adelante querremos cambiar. Si un compañero es extremadamente extrovertido y vivaz y decimos: «¡Qué estupendo! Tiene una personalidad tan abierta y es tan divertido», más adelante nos sentiremos amenazadas por esta misma personalidad y seremos críticas con el hecho de que nunca sea suficientemente serio. En una relación "especial", una mujer meticulosa consigo misma y con su casa, y que al principio es admirada por sus esfuerzos, será más tarde criticada por su compañero por tomar tanto tiempo para arreglarse o para mantener la casa en orden o por ser incapaz de relajarse.

No es muy difícil alterar el precario equilibrio de una relación así. Cualquier cosa, y todo, puede interponerse rápidamente entre la pareja en estas alianzas disfuncionales, gobernadas por el ego.

El problema para Tim y Ann residía en el hecho de que estos dos seres humanos básicamente decentes estaban llenos de heridas sangrantes, y habían estado negándose a reconocerlas. La negación de nuestros problemas no hace que éstos desaparezcan. En realidad, al negarlos sólo conseguimos que se enconen y empeoren.

Finalmente, Ann despertó y se dio cuenta de que éste era un modo de vivir muy poco positivo y muy enfermizo. Dejó la relación e inició su propia recuperación emocional. Ahora, varios años más tarde, ella sabe que una parte no sanada de sí misma todavía se siente atraída hacia Tim y hombres como él. Ella se siente atraída hacia hom-bres que desean hacer de padres o cambiarla, hombres que piensan que la encuentran maravillosa, pero que no están del todo satisfechos con ella. Ella está trabajando para resolver esto. En cuanto a Tim, ahora está casado con su esposa número cinco. Observa que Ann abandonó la relación y luego empezó a trabajar para averiguar por qué y cómo había llegado hasta ahí. Lo primero que debe hacer una mujer que está en una relación en la cual hay un maltrato físico, es salir de ella y buscar ayuda de inmediato.

Quizás este sea el paso más difícil para una mujer maltratada, pero es el más necesario.

La «especialidad» de la relación de Ann a veces se disfrazaba de amor. En otras ocasiones parecía ofrecer esperanzas, pero siempre estaba predispuesta a que el objetivo fuese condenar. En algún momento, todos hemos recibido un trato injusto. Hemos cambiado amor por especialidad, eligiendo vernos unos a otros como cuerpos y no como seres espirituales, centrándonos más en lo que podemos obtener de una pareja que en quién es él o ella. Estamos buscando en el exterior las respuestas que sólo pueden hallarse en nuestro interior.

Somos como el hombre que una noche se pone a buscar su llave bajo la farola de la calle. Pasa un extraño y le pregunta qué está buscando. Él responde: «Mi llave», y el otro se une a la búsqueda. Al no lograr encontrarla, el otro hombre le pregunta, «¿Exactamente dónde se encontraba usted cuando dejó caer la llave?». «Oh, estaba dentro de casa, pero estoy sin corriente eléctrica, de modo que salí fuera para buscar bajo la luz de la farola».

La llave no está ahí fuera. No se perdió ahí fuera, y no la encontrarás ahí fuera. Pero, por Dios, cuánto intentamos insistir en que está ahí. Muchos se pasan la vida buscando la respuesta fuera, cuando se encuentra en el centro del alma, esperando.

Las relaciones especiales siempre implican una enorme cantidad de dolor, no sólo dolor emocional o físico, sino un dolor que atraviesa la psique y penetra en el alma. Mientras nos encontramos en medio de una relación especial, esa parte de nosotros que sabe no desaparece. Nos está enseñando, con suavidad, que existe otra manera de tener una relación, una forma que no exige un sacrificio y un dolor que luego debamos hacernos creer es amor.

El sacrificio:
Una pieza importante del rompecabezas

¡Qué espantosa y manipuladora es la palabra *sacrificio*! Tardé varios años en aprender que el sacrificio proviene únicamente del miedo y no del amor. Y, como todos sabemos, las personas temerosas pueden ser perversas. El sacrificio se convierte entonces en ataque y no se asemeja al amor. Cuando yo aprendí esto, supe que por fin había encontrado una pieza de mi rompecabezas.

Casi toda la psicología popular actual implica algún tipo de sacrificio. Puede llamársele compromiso o negociación, pero sigue siendo sacrificio. No funciona. Siempre que sientas que debes sacrificar algún aspecto de ti o de tu vida, acabarás estando resentido y enfadado. Te sentirás un perdedor, o una perdedora, y te propondrás ganar la próxima vez. Todos pierden en el juego del sacrificio.

La mera idea del sacrificio está fuera de alineación con la verdad espiritual. Dios no inició el sacrificio de tu espíritu, tu esencia, tu cualidad única. Toda la idea del sacrificio es una creación humana. El sacrificio no es espiritual. No es la forma de actuar de Dios sino, ciertamente, la del ego.

La noción de "sacrificio" ha controlado a las personas, especialmente a las mujeres, a través de los siglos. La mujeres han negado sus aspiraciones y sus sueños, han extinguido sus grandes pasiones. Tradicionalmente, las mujeres tenían el papel de cuidadoras, pero por desgracia nunca aprendieron a cuidar de sí mismas. El resultado ha sido la creación de un montón de gente muy enfadada. Renuncia a algo por el supuesto bien de otra persona, ya sea tu pareja, tus hijos o tu país, y luego evalúa con honestidad cómo te sientes. Sientes que se han aprovechado de ti, te sientes privado de tu valía, enfadado, y luego culpable por albergar estos sentimientos. El sacrificio produce culpa en nosotros, del mismo modo que el amor produce paz.

El sacrificio nunca te llevará a ninguna parte. Siempre hay una salida al conflicto y al desacuerdo en tu relación, pero, ciertamente, el sacrificio, el tuyo o el de la otra persona, no es la salida. Si has creído que el sacrificio era amor, te pido que consideres que no es una expresión de amor, sino una separación del amor. El sacrificio no nos acerca; incrementa un poco más la distancia que hay entre nosotros.

Al principio, es casi imposible concebir el amor sin sacrificio, ya que la asociación de las dos cosas está muy generalizada en nuestra cultura. La noción de sacrificio nace de la idea de que no hay suficiente: no hay suficiente amor, generosidad, seriedad, oportunidades, tiempo, dinero, consideración, diversión, placer, belleza y disfrute.

Cualquiera que sea el bien que se percibe, la idea de sacrificio nos dice que no hay suficiente para todos. Se trata de la noción de que vivimos en un mundo de escasez, de que debemos renunciar a lo poco que tenemos para que otra persona tenga algo. El sacrificio es una familia de cinco miembros sentada a la mesa para cenar con cuatro raciones sobre la mesa. La madre dice, «Oh, no importa. Yo no tengo hambre. Podéis comeros la mía». Mientras tanto, ella está exhausta y hambrienta. Todos nos hemos negado la ración que nos correspondía y hemos dicho: «No importa», cuando sí nos importaba. ¡Nos importaba muchísimo! El simple hecho de que la idea de sacrificio esté por todas partes no quiere decir que sea cierta. Cada vez que creemos que el sacrificio es necesario, estamos negando quienes somos y quien es Dios.

Un Curso de Milagros nos enseña que nuestra confusión del sacrificio con el amor es tan profunda que no podemos concebir el amor sin el sacrificio. Esta es la idea que debemos observar; debemos llegar a comprender que «el sacrificio es ataque, no amor». La enseñanza continúa: «Si tan sólo aceptaras esta idea, tu miedo al amor se desvanecería».

En el juego del sacrificio siempre hay aparentes ganadores y perdedores. En el del amor todo el mundo consigue ser el ganador. Me tomó mucho tiempo comprender esto. Cuando vivía en medio de la confusión mental y emocional mientras mantenía una relación "especial", creía que si renunciaba a ser quien era conseguiría el amor que deseaba.

Todos nosotros parecemos destacar en la creación de nuestros propios dramas y situaciones terribles. He llegado a comprender estos dramas como nuestro intento desesperado por conseguir que nuestro yo más profundo nos preste atención. A continuación, una de mis peores pesadillas.

El monstruo que conduce la apisonadora hacia ti: ¿O me estás prestando atención ahora?

Mis amigos de Alcohólicos Anónimos dicen que el alcohol es como un elefante en una sala de estar. Todos los que viven en casa del alcohólico caminan de puntillas en torno al elefante, sin mencionar nunca su presencia, haciendo ver que no está ahí. Mientras tanto, está dominando la vida de cada uno de los miembros de la familia, no sólo la del alcohólico.

He notado que muchos de nosotros tenemos un elefante o incluso un monstruo viviendo en nuestra casa, e intentamos hacer ver que no existe. Este monstruo es siempre una manifestación externa de miedos internos no resueltos. El miedo es el gran destructor de las relaciones, condenándolas al fracaso incluso antes de que se inicien. Puede transformar rápidamente nuestro amor especial en un odio especial. El miedo vive en el corazón, en la mente y en las experiencias, pero no existe voluntariamente. Aunque suele parecer lo contrario, el miedo no tiene vida propia. Existe únicamente cuando le damos vida. El miedo es un pensamiento parásito, el cual parece tener vida propia cuando lo alimentamos y lo nutrimos. Entonces es capaz de tomar el mando de nuestras vidas. Es un monstruo tan horrible que tú y yo negamos cualquier asociación con él en un intento de impedir que penetre en nuestra percepción consciente.

En la mayoría de los casos, nuestros miedos no resueltos, no sanados, son tan enormes que, incluso cuando el amor nos ha sido dado, somos incapaces de recibirlo porque el miedo ha cerrado con barricadas nuestro corazón. Mi monstruo fue tan destructivo y tan enorme que entró como un loco en mi vida conduciendo una apisonadora.

Quizá algún día seamos capaces de recordar nuestras vidas y percibir claramente el momento decisivo, ese momento en el cual tomamos una decisión que cambió para siempre el curso de nuestras vidas. Mi momento decisivo llegó la noche antes de que abandonase California para oficiar en la boda de mi amiga de toda la vida, Ginna. Hasta ese día no supe que el que era entonces mi marido, con el cual tenía una relación llena de miedo, "especial", había descubierto que yo tenía una pequeña reserva de dinero que había estado ahorrando. Estaba planeando dejarlo en cuanto hubiera el ahorrado el dinero suficiente para poder pagar un sitio donde vivir.

El hallazgo de mi dinero escondido le hizo sospechar que yo estaba planeando dejarlo, quizás incluso ese mismo día. Ya habíamos tenido algunas escenas muy atemorizantes, enfermizas, pero nunca una como la de aquella noche. Yo estaba al borde de una crisis nerviosa y, sin embargo, sabía que mi histeria no haría sino intensificar su comportamiento violento. Gracias a la oración y a la gracia de Dios, sobreviví a esa noche mientras él lanzaba primero mi maleta contra la pared, haciendo volar su contenido por toda la habitación, y luego me asía por el cuello y me subyugaba en la cama, lanzando unas amenazas aterradoras. Mi vida se había convertido en una pesadilla. Yo, una maestra espiritual, en medio de la violencia doméstica. Estaba paralizada por el miedo. Estaba traumatizada. Me había convertido en una mujer maltratada.

¿Por qué? ¿Por qué había aguantado durante tanto tiempo? ¡Hasta ahí habíamos llegado! Mi temor por mi vida era claramente mayor que mi temor a un segundo divorcio, a mi miedo a empezar de nuevo y a estar sola una vez más. ¿Por qué? ¿Cómo había permitido que esto llegara tan lejos?

Me había cerrado al amor y lo sabía. Intenté rezar, pero sólo podía decir: «¡Socorro! ¡Dios, ayúdame!». Luego, fui capaz de añadir: «Prometo que nunca más me volveré a exponer a esta locura. Haz que sobreviva a esta noche, y trabajaré para sanar mi alma y salir adelante».

En medio de mi trauma, dos mensajes de *Un Curso de Milagros* empezaron a repetirse una y otra vez en mi mente: «Sólo existe el amor perfecto» y «Sólo el amor es real». Durante las semanas previas a esa noche había estado estudiando estas dos enseñanzas, pero no había sido capaz de comprenderlas del todo. Aquella noche, a pesar de mi temor, finalmente reconocí la verdad contenida en esas dos líneas.

Sólo el amor es real. Desde lo más profundo de mi alma, estaba recordando una lección que había aprendido mucho tiempo atrás. En la vida entera, en el mundo entero, muchas cosas que parecen ser reales no lo son. Son unas circunstancias breves, veloces. Carecen de sustancia. No son más que una onda en el gran océano de la vida.

La única realidad es el amor. El amor no es veloz ni breve; es eterno. Es el pulso del universo.

Fue como si un alma de fortaleza o de conocimiento enterrada en mi interior estuviese siendo llamada a salir de las profundidades de mi ser. Si estaba experimentando el miedo, y lo estaba, entonces estaba experimentando algo de mi propia creación y no una creación de Dios. Él sólo crea el amor perfecto, que es real. Como enseñaba Buda, el miedo es irreal, impermanente, y por lo tanto puede considerarse una ilusión. Yo puedo crear un caos de miedo, el cual, en un sentido verdadero, podría considerarse irreal, porque no fue creado por Dios. Y sólo lo que es divino es real y duradero. Todo lo demás es impermanente y cambiante.

A partir de entonces, me aferraba a esas dos verdades (sólo el amor es real; sólo existe el amor perfecto) cada vez que mi ego enfurecido me espetaba que el miedo era real y que intentar renunciar a él era una locura.

Sólo el amor es real. Sabía que esta era la verdad. También sabía que no lo comprendía, pero estaba dispuesta a hacer cualquier cosa que fuera necesaria para comprender. Siempre hay señales que nos dicen si estamos haciendo lo correcto o tomando la decisión correcta. El miedo es una señal de la tensión que surge cuando nuestros deseos están en conflicto con nuestros actos. Al escuchar a nuestros egos personales, solemos elegir acciones que están en conflicto con nuestro bien superior. Ignoramos las evidentes señales que nos están diciendo que reduzcamos la velocidad o que sigamos adelante o que giremos a la derecha.

Lo que llegué a comprender es que mi esencia interior, mi espíritu y mi alma, habían estado intentando hacerme despertar y continuar con mi vida desde hacía mucho tiempo. Yo no había estado dispuesta a prestar atención. En la telaraña de confusión en la cual estaba atrapada, creía que mi marido era mi bien, o que de algún modo poseía mi bien y no me lo estaba dando. Lo que llegué a comprender mediante la sanación de mi alma fue que Dios no sólo posee mi bien, Dios es mi bien.

La escena de aquella noche atrajo mi atención. Poco después estuve dispuesta a mirar, no sólo el miedo que ella me producía, sino todo lo que había temido en la vida. Empecé a experimentar la vida desde una punto de vista completamente distinto, saliendo de la consciencia de víctima y empezando a ser la vencedora.

El principio fue lento. Primero aprendí a gatear, luego a dar pequeños pasos de bebé, luego a caminar por mí misma, y finalmente a volar.

Rezaba por una relación sana con mi ex-marido. Creía que si amaba lo suficiente, la relación sería sanada. Finalmente, fui capaz de querer lo suficiente. Me quise lo suficiente a mí misma como para huir de un entorno físicamente amenazador y emocionalmente hiriente.

Después de aquella noche aterradora, finalmente fui lo suficientemente infeliz como para salir de ahí y realizar un intenso trabajo introspectivo. Por fin estuve dispuesta a hacer lo que fuese necesario para enfrentarme a las creencias que llevaba en mi interior y que habían provocado los efectos que estaba experimentando.

El malestar nos ayuda a tomar consciencia de la necesidad de una corrección. Pues bien, yo me sentía bastante molesta. Definitivamente, podría decirse que mi nivel de malestar era elevado. ¿No es curioso que tengamos que tener la espalda contra la pared, nuestras vidas transcurriendo delante de nuestros ojos, antes de que estamos dispuestos a cambiar? Ahora estaba dispuesta a comenzar, ahí mismo, a percibir la situación de un modo distinto.

Tener una percepción distinta es ver una situación antigua bajo una nueva luz, ver los detalles sangrientos de tu relación anterior como una lección que se te ofrece, más que como karma o castigo, o como un pago. Podemos quedar tan atrapados en los horribles detalles, en los dimes y diretes, que no captamos la lección. Cada lección en la vida que no captamos se nos presenta una y otra vez hasta que la comprendemos. Retrocede y observa los acontecimientos significativos en tu vida. Mira a ver si puedes descubrir un patrón. Los nombres, caras y acontecimientos pueden variar, pero el guión subyacente es el mismo.

He observado que, con cada repetición, la intensidad de la situación aumenta. Los niveles de la lección no fueron, evidentemente, suficientemente elevados para atraer nuestra atención. No vemos las primeras señales en la carretera de la vida porque estamos en medio de una intensa niebla. Luego, las señales y los avisos se van haciendo cada vez más grandes, con relampagueantes luces de neón y ondeantes banderas. En el caso de algunos de nosotros, a medida que las señales y los avisos se van haciendo cada vez más notorios, nuestra negación de cualquier problema crece proporcionalmente. Y la insensatez continúa y continúa.

«Dios mío, ¿qué está sucediendo?», exclamamos. Muchas personas llegan a la conclusión de que Dios las está castigando. Proyectan la responsabilidad de su situación a una deidad distante, severa, vengativa. Lo que está ocurriendo es que nuestra alma ha estado de acuerdo en la creación de nuestro monstruo particular en la sala de estar. Lo ha hecho en un intento de llevar a nuestra consciencia la necesidad de corrección.

Una vez nos hemos dado cuenta de que lo que está ocurriendo está sucediendo a través de nosotros, y no a nosotros, entonces y sólo entonces podemos hacer algo respecto a nuestros problemas de relación. Mientras permanezcas en la creencia de que todo te está sucediendo a ti, permanecerás en un estado de impotencia, de desesperanza, de víctima. La vida puede ser el cielo. ¿Por qué insistes en hacer de ella un infierno? Le has entregado tu poder a la situación negativa en lugar de entregárselo a tu propio espíritu interior, invencible. Una vez has despertado y te haces cargo personalmente de eliminar tus creencias y pautas negativas, nada puede detenerte. Seguirás adelante sin inmutarte.

Lo que yo necesitaba hacer con mi ex-marido, con el cual había tenido una relación "especial", no era pegarle un tiro, sino perdonarle. El malestar se despierta únicamente para llevar a la consciencia la necesidad de corrección. Observar las circunstancias y los acontecimientos molestos de tu vida. En lugar de verlos como algo que te sucede, empieza a verlos como algo que sucede a través de ti, como una manera de hacerte percibir cuán grande es la necesidad de corrección que hay en ti.

Las circunstancias pacíficas, dulces, amables, rara vez atraen nuestra atención. Por otro lado, no hay como un monstruo conduciendo una apisonadora hacia ti para atraer tu atención.

2

¿Me amas a mí o a mi cuerpo?

Recuerdo haber visto a una artista muy guapa hablar acerca de cómo perdió su «barriguita de nueva mamá» después del nacimiento de su último hijo. Hay que tener en cuenta que esta mujer había dejado el hospital vistiendo una talla 40. De modo que, después de un par de meses de dieta y ejercicio diario con un entrenador personal se sentía más que bien respecto a su apariencia física. Ahora bien, su marido no le dijo ni una sola palabra al respecto. Pensé, «Bien por él: la quiere sin importarle el estado de su cuerpo».

Cuando llega la noche de su primera aparición profesional después del parto, ella viste un modelito largo de seda y se siente estupendamente. Con coquetería, le pregunta a su marido: «Cariño, ¿qué aspecto tengo? ¿Tengo la barriguita suficientemente plana?»

A lo que él responde: «Bueno, en realidad todavía tienes bastante barriga, intenta meterla hacia adentro. Probablemente te faltaría perder uno o dos kilos más para estar como estabas antes de tener al bebé».

Esta mujer usa ahora una talla 38. Nunca le hizo falta perder ni un solo gramo para tener una apariencia estupenda o para ser estupenda. Ella ya es maravillosa. Si su marido hubiese sido capaz de verla como algo más que su cuerpo, su respuesta hubiese podido ser algo así: «¡Suficientemente plana! Tú siempre tienes un aspecto maravilloso. Me importas tú, tu esencia. Lo que hace que seas tan impresionante es la belleza interior que irradia a través de todo tu ser, y no el tamaño de tus caderas».

¿Significa esto que debemos mentir respecto a cómo vemos a alguien? No, mentir no, pero significa que tenemos que abrir un poco más los ojos y ver más allá de los estrechos márgenes de nuestros cuerpos.

Hoy en día, mucha gente intenta convertir el cuerpo en Dios. La mayoría invierte mucho más tiempo, dedicación y dinero en estos cuidados, mimos y moldeados del que le dedicarán jamás al aspecto espiritual de la vida. Nos vemos a nosotros mismos como si sólo fuésemos nuestros cuerpos. Los demás nos ven como si sólo fuésemos nuestros cuerpos. Vemos a los demás como si sólo fuesen sus cuerpos.

Esta obsesión cultural contribuye enormemente a perpetuar las relaciones «especiales». Mientras continuemos viéndonos a nosotros mismos y a los demás como cuerpos, continuaremos experimentando una sensación de alienación y desconexión con el verdadero yo y con la esencia interna de la otra persona.

Muchísimas personas me han hablado de cómo odian sus cuerpos. He observado que eso que llaman odio no tiene nada que ver con su estado de salud física o tono muscular. El odio brota de una percepción crítica que dice: No importa cuán en forma esté, nunca será suficiente.

He oído a muchas mujeres lamentarse de que los hombres sólo están interesados en los cuerpos de las mujeres, y sin embargo un 95 % de la atención de estas mujeres está puesta en su aspecto físico. Una se queja de tener demasiadas caderas; la otra de no tener suficiente pecho. Otra piensa que sus piernas son demasiado cortas, y así todo el tiempo. De alguna manera, creemos que si un defecto de nuestro aspecto físico pudiera ser transformado mágicamente, nuestras vidas serían perfectas.

Una lección casi imposible de aprender, pero necesaria, es que no somos nuestros cuerpos. Sí, si estás leyendo esto, es obvio que tienes un cuerpo, pero tu cuerpo no es sino una partícula de la inmensidad de quien eres y lo que eres. En primer lugar, eres un ser espiritual que, casualmente, tiene un cuerpo. La Biblia dice que Adán cayó en un profundo sueño. Cuando contemplamos la vida de un modo espiritual, nos damos cuenta de que todos hemos estado deambulando en un estado de sueño profundo. Mientras dormimos, tenemos el sueño colectivo de que sólo somos cuerpos.

El cuerpo es un aspecto diminuto de quien eres realmente: un ser glorioso y completo. En este sueño, creemos que *somos* cuerpos, en lugar de que *tenemos* cuerpos. Algunos de nosotros hemos despertado parcialmente, pero permanecemos en una especie de estado crepuscular en el cual hemos olvidado colectivamente quienes somos realmente. Seguimos representando el guión del sueño de estar en nuestros cuerpos en lugar de tener un cuerpo y ser mucho más que esta diminuta partícula de tejidos, órganos, sangre y huesos. Cuando nos percibimos a nosotros mismos, o a los demás, únicamente como cuerpos, el ego es el que gobierna. Mientras hacemos esto, experimentamos constantemente la crueldad del ego. Resulta imposible identificarse tan estrecha y exclusivamente con el cuerpo y con los cuerpos de los demás y no sufrir.

Hoy, mientras escribo, estoy sentada a mi mesa a sólo treinta pies de distancia del hermoso y vasto Océano Pacífico. Al contemplar las olas que ruedan hacia la orilla, se me ocurre que el cuerpo es como una ola en el océano que Dios es. El ego sólo ve al cuerpo, del mismo modo que una ola no es capaz de percibir todo el océano.

En realidad, debemos entrenarnos para prestarle atención a todo el océano, para ir más allá de la ola. Esto empieza a ocurrir cuando dejamos de juzgarnos a nosotros mismos y a los demás según el color, el tamaño, la forma, la condición física o cualquier otra característica corporal. Esto no se consigue fácilmente, pero cuando se practica fielmente, con el tiempo aparece una nueva manera de percibir. Espero que llegue el día en que uno no pueda definir las características físicas de una persona con tanta claridad como es capaz de definir su esencia interna. No te fijarás en si una persona es de tu misma raza o de otra; quiero decir que *realmente no lo recordarás*, porque lo que viste fue el interior de la persona, en lugar de ver la superficie.

Renunciar a los juicios es el primer paso para levantar la barrera que limita a unos y otros a un cuerpo. Cuando damos este paso, podemos empezar a alinear el cuerpo con la verdad de quienes somos. El cuerpo, el tuyo o el de cualquier otra persona, no puede contener quien eres. El cuerpo es un límite al amor. Al principio, esta sugerencia puede parecer escandalosa, pero a lo largo de los años he tenido suficientes experiencias que demuestran que ni siquiera necesitamos el cuerpo para comunicarnos verdaderamente.

Recé durante mucho tiempo antes de encontrar a David, mi alma gemela y mi marido. Recé para ser sanada, para perdonar, para buscar y encontrar el amor que mi corazón deseaba. Medité tanto sobre ello, que me convencí de que lo reconocería al instante cuando nos encontrásemos.

A lo largo de los años, conocí a muchos hombres, pero ninguno de ellos me transmitió la «sensación» que yo sentía que David daría.

Entonces, una noche, mientras estaba ocupada haciendo un complejo ejercicio con unos alumnos míos, experimenté, de repente, la intensa sensación de que algo importante, que no tenía absolutamente ninguna relación con la clase, estaba sucediendo. Percibí, sentí, supe, casi vi, una energía, una presencia intangible, pero que para mí fue muy real. Esta sensación de otro mundo dejó en mi memoria una huella permanente de la sensación que me daba la presencia de mi alma gemela. No volví a sentir esto, fuera lo que fuese, hasta aproximadamente un año más tarde.

Un sábado, temprano por la mañana, me encontraba sentada en la cama, meditando, cuando percibí la misma presencia. Era dulce y suave, pero poderosa, y parecía abrazarme con calidez y amor. La experiencia duró unos quince minutos, quizás, pero la sensación agradable permaneció conmigo. De alguna manera, supe que acababa de conocer a mi alma gemela. No fue una encuentro físico, sino espiritual.

En esos momentos, David había estado meditando sobre el encuentro con su alma gemela y había extendido su campo energético para que saliese y me encontrase. Lo había conseguido. Lo sentí y supe que provenía de él, pero no supe dónde se encontraba. Lo que permaneció conmigo fue la certeza de que cuando nos encontrásemos físicamente, y yo sabía que esto sucedería, reconoceríamos la esencia espiritual del otro.

Cuando finalmente nos conocimos personalmente, David dice que le di lo que él llama un «abrazo de Unity». En la iglesia de Unity de la cual soy pastora, somos un grupo de personas que se abraza bastante, y he desarrollado una manera de dar un abrazo cálido sin que éste sea sexual o apasionado. Esa, sin embargo, fue su primera impresión física de contacto conmigo. Reconocimos al instante la esencia espiritual del otro, y reímos porque lo que nos pareció muy irreal fueron nuestros cuerpos. Lo que reconocimos fue la esencia espiritual, nos sentimos cómodos con ella, y nos pareció real.

Existe otra manera de percibirte a ti mismo y a todos los demás. Empieza al experimentar un instante en el cual ves más allá del cuerpo. Luego, más adelante, lo ves con más frecuencia, al ver lo amoroso, al ver atravesando el envoltorio externo, penetrando en el esplendor interno. Llegas a saber que, al final, lo único real es esta esfera más grande. Todo lo demás no han sido más que figuras indefinidas que habitan nuestros sueños desconectados.

Una vez que nos hemos liberado de la percepción errónea de que sólo somos cuerpos, ya no deseamos encerrar a los demás en el lugar del cual hemos escapado. La obsesión con el cuerpo es liberada gustosamente en favor del resplandor del espíritu interior. El amor de Dios nos llama a reconocer el espíritu que hay en el otro y a dejar de identificar a nuestros hermanos y hermanas únicamente como sus cuerpos. La atracción del espíritu es irresistible una vez que nos encontramos suficientemente cómodos como para explorar nuestras profundidades.

Al vernos los unos a los otros como cuerpos, hemos minimizado nuestra magnitud y la de los demás. Hemos hecho del amor un enemigo. Podemos aprender a ver el mundo físico como lo que es: una parte diminuta del todo. Podemos aprender a honrar, amar y encontrar placer y deleite en el cuerpo de nuestra pareja, y aún así reconocerlo como una parte diminuta del todo.

El mundo que vemos está edificado sobre el hecho de si consideramos que el mundo real es lo físico o lo espiritual. Cuando elegimos lo físico, jamás podremos escapar de ver el cuerpo como nuestra realidad. Cuando elegimos lo espiritual, el cielo entero se inclina para besarnos. Entonces veremos, verdaderamente, el mundo físico a través de los ojos del Espíritu. En este estado podemos empezar a estar en armonía con nuestro verdadero yo. Al entrar individualmente en esta armonía, somos capaces de ver todo lo que hay en la vida desde este punto de vista más elevado, comprendiendo que somos, en primer lugar y por encima de todo, seres espirituales que están teniendo una experiencia humana, antes que humanos que tienen, ocasionalmente, una experiencia espiritual.

Cuando nos vemos a nosotros mismos, y a todos los demás, como espíritu, se produce un cambio radical en la forma en que experimentamos la vida, un cambio no menos dramático que la restauración de la vista a un ciego. Un modo de iniciar este cambio es empezar a recordarte suavemente cuál es tu verdadera herencia. Esto puede hacerse mediante el uso de una afirmación, repetida intensamente a lo largo del día. Una afirmación así nos llega de *Un Curso de Milagros*: «No soy un cuerpo. Soy libre, pues soy como Dios me creó». Otras posibilidades son: «Soy un ser espiritual que está teniendo una experiencia humana» y «Soy espíritu». Por supuesto que una afirmación tuya funcionará igual de bien. Estas afirmaciones pueden ser recordatorios muy útiles cuando sentimos que estamos perdiendo contacto con nuestro centro y que el mundo y las cosas del mundo nos están absorbiendo.

Al reconocer el espíritu que somos, dejamos de una forma natural de vivir como víctimas impotentes y entramos en una vida de maestría. Es imposible continuar siendo una víctima cuando nos identificamos totalmente con nuestra naturaleza espiritual. Al comprender que somos seres espirituales que están teniendo una experiencia humana, empezamos a identificarnos más estrechamente y más completamente con Dios, aceptando los dones de Dios como nuestro derecho de nacimiento. Por supuesto que esta transformación de nuestro pensamiento rara vez ocurre en un segundo. Antes, evoluciona y se expande a lo largo de toda una vida de despertar espiritual y crecimiento del alma.

La gente me dice: «Sí, Joan, suena muy bien. Ojalá la vida estuviera centrada espiritualmente todo el tiempo, pero simplemente no funciona de ese modo en el mundo real». A lo cual yo respondo: «El mundo del espíritu es el mundo real». Ese mundo en el que nos vemos los unos a los otros únicamente como cuerpos, ese mundo plagado de sentimientos de dolor y de separación, lleno de comportamientos disfuncionales, no es el mundo real. Quizá sea un mundo que nos resulta familiar, el mundo aceptado, pero no es el mundo real.

»Hace quinientos años, el hecho de que la mayoría de la gente creyera que la Tierra era plana no la hizo plana. Por el mero hecho de que millones de personas estén de acuerdo en que ellas, y los demás, no son más que cuerpos, no hace que esto sea real».

El dolor, el sufrimiento, la guerra y la codicia no son el *mundo real*, sino "regalos" del mundo distorsionado que el ego ha creado. Al reconocer el espíritu que hay en nuestro interior, iniciamos el proceso de una identificación cada vez más completa con nuestro verdadero ser.

Maestría es saber dónde te encuentras. Es una sensación de tranquilidad y confianza contigo mismo y con toda la vida. Es una sensación de estar en control, no en un sentido manipulador, controlador, sino de saber lo que estás haciendo, hacia dónde vas y cómo llegar hasta ahí.

Maestría es estar al mando, sentir que tienes autoridad y eres poderoso o poderosa. Al entrar en la maestría, aceptas tu posición como co-creador con Dios. Cuando eliges reconocer la espiritualidad del ser, entonces, de una forma natural, llega una nueva orientación, un nuevo modo de pensar y de ser que produce unos resultados bastante distintos a los resultados del pasado.

Creía que eras tú, pero era yo

Después de percibir la verdad de que somos fundamentalmente seres espirituales que están teniendo una experiencia humana, la segunda verdad espiritual más poderosa y liberadora que podemos comprender es la siguiente: la vida funcionará de verdad únicamente cuando cada uno de nosotros asuma la responsabilidad individual y *total* de lo que ocurra.

Una expresión de la tradición de los Doce Pasos de los Alcohólicos Anónimos y grupos de apoyo similares es: «No hay víctimas, sólo voluntarios». Comprender que no eres la víctima de tu vida puede resultar muy difícil. El mero hecho de llegar a aceptar la verdad de esta afirmación puede ser increíblemente doloroso. El dolor surge del hecho de empezar a abandonar un sistema de creencias que teníamos desde hace mucho tiempo y que es falso. Lo que hacemos es aferrarnos a estos sentimientos destructivos y negativos de víctima. Nos aferramos con tanta fuerza que esto se convierte en una manera de vivir.

Prueba este ejercicio. Mantén tu mano en un puño cerrado, apretado, durante treinta segundos. Mantenlo muy apretado, con todas tus fuerzas. No lo sueltes hasta que hayan transcurrido treinta segundos completos. Entonces, muy lentamente, empieza a soltar. Al abrir lentamente la mano, fíjate en cómo sientes tus nudillos, tus dedos, la muñeca y el antebrazo. Quédate quieto y experimenta la sensación de soltar.

Aunque no estés soltando nada, sigue habiendo dolor porque te habías aferrado con tanta fuerza durante sólo treinta segundos. Imagina cómo será desprenderte de un concepto falso cuando te has aferrado a él durante diez, veinte o más años.

El dolor del soltar proviene del ego, no del espíritu. El ego se vuelve loco cuando empieza a perder su poder sobre nosotros. De modo que las etapas iniciales del soltar pueden ser muy dolorosas, pero ¡qué descanso y qué alivio proporciona al poco tiempo el soltar! Las personas espiritualmente maduras asumen la responsabilidad de sus vidas. Las espiritualmente inmaduras siempre están buscando a quién culpar.

Una gran verdad espiritual que he llegado a comprender es que nos conocemos a nosotros mismos en cada persona que encontramos. Dos personas pueden entrar en la misma habitación, interactuar con las mismas personas y, sin embargo, abandonar la habitación y narrar dos experiencias completamente opuestas.

Para ilustrar esto, utilizaré personalidades extremas. Ben y Todd entran en una agencia de viajes. Ben viene de su centro espiritual, y se siente emocionado ante su próximo viaje. Como se siente bien respecto a sí mismo y a su vida, entra irradiando esta luz y este entusiasmo. Primero encuentra a la recepcionista, que está al teléfono. Ella le hace una señal con la mano indicando que en un momento estará con él. Esto no supone un problema para Ben, se dedicará a pasearse por ahí y buscar folletos de viajes. Al poco rato ella está libre y saluda cálidamente a Ben, el cual le explica que está ahí para comprar un billete de avión y reservar alojamiento para su viaje. Ella le pregunta su destino, y él le informa que va a

Hawai por negocios y que no le cabe ninguna duda que también será un viaje de placer. Ella lo remite con gusto a una agente de viajes, informando que acaba de regresar de un viaje a Hawai.

Ben tiene un encuentro maravilloso con la agente de viajes, Liz, la cual es tan entusiasta como él. Ella le dice que tiene una gran oferta: puede hacer sus negocios en Honolulu y luego quedarse una semana más y obtener viajes gratis a las islas vecinas. Si le dice exactamente lo que desea, ella preparará un paquete perfecto para él. Tendrá tiempo de sobras para ocuparse de su negocio y tiempo para disfrutar del espíritu aloha. Ben está entusiasmado y se marcha con los billetes en la mano.

Todd entra en la misma agencia diez minutos después de Ben. Está enfadado porque el aparcamiento estaba lleno y ha tenido que aparcar a dos manzanas de distancia y caminar. Cuando entra en la oficina, la telefonista vuelve a estar al teléfono con otro cliente; una vez más, hace señales con la mano indicando que en breve estará con él. Todd camina de arriba a abajo delante del mostrador, luego adopta una postura de poder directamente delante de la recepcionista y empieza a golpear los dedos contra el mostrador. Ella no le presta atención y continúa con la llamada hasta que ha terminado. Cuando la recepcionista, con su habitual estilo alegre, le pregunta en qué puede ayudarle, Todd está que echa humo. Le ladra: «¡Podría haberme ayudado hace cinco minutos!». Sin perder la calma, ella le pregunta su destino y él responde que va a Hawai por negocios. Ella le informa, al igual que hizo con Ben, que Liz ha regresado hace poco de las islas y que tiene toda la información actualizada que necesitará para planificar un gran viaje. No obstante, Liz está ocupada en ese momento con un cliente. ¿Le importaría esperar o prefiere ver a Jack, que está libre?

Todd se dirige hacia Jack, porque ya ha tenido que esperar y no desea perder un minuto más en esta oficina. Tiene un encuentro muy lacónico con Jack mientras le explica lo que necesita. Recoge sus billetes y reservas de hotel y se marcha, habiendo decidido no pasar ni un minuto adicional en las islas. Se trata de un viaje de negocios, y ya se divertirá en otra ocasión.

Todd se marcha pensando que no le han tratado bien. Ben se marcha sintiéndose estupendamente y complacido consigo mismo por haber logrado un arreglo tan bueno. Una vez más, su utilización del tiempo ha sido perfecta. Todd está pensando que, una vez más, ha salido perdiendo en un trato. Siente que ha pagado un precio excesivo por el billete y que la habitación que le han asignado es de segunda categoría. Lo que Ben y Todd experimentaron en la agencia de viajes fue un reflejo de sus consciencias individuales. Ben ve el mundo como algo que le apoya y es su amigo, y sus experiencias atestiguan lo mismo. Todd ve el mundo como una confrontación y como algo hostil, y sus experiencias son un reflejo de su visión.

Espejito, espejito, que estás en la pared...

En la vida siempre nos estamos encontrando con nosotros mismos. Es como si cada persona que conocemos fuese un espejo disfrazado de persona. La primera vez que oí esta enseñanza, la odié. Me resistí intensamente a ella. Me pareció horriblemente desagradable, enfermiza. Con el tiempo, he llegado a saber que es cierta.

Cada persona que encuentro es un reflejo de mi consciencia individual a algún nivel. Cuando, en un pasado distante, me sentía un víctima, estaban aquellas personas que deseaban ocupar el papel de verdugo. Cuando estaba llena de miedos, sufrimientos y heridas abiertas, todos mis encuentros, después de la amabilidad inicial, eran iguales a la energía que yo estaba enviando. Mi energía negativa estaba cuidadosamente oculta detrás de esa máscara de amabilidad que, a las mujeres de mi generación, nos enseñaron a mantener. Yo era muy buena fingiendo que todo iba bien, cuando me encontraba en el infierno.

Nadie me hacía esto. Yo me lo hacía a mí misma cada vez que negaba quién era, cada vez que me conformaba o decía que no importaba cuando sí importaba, cada vez que buscaba respuestas fuera de mí misma en lugar de hacerlo en mi interior. Mi ex-marido no era el que necesitaba una reparación para que mi vida funcionara, era yo.

Esto no quiere decir que yo asumiera la responsabilidad por su comportamiento. Es muy importante que comprendas esto. Lo que sí significa, es que yo asumí la responsabilidad por el hecho de que su comportamiento apareciese en mi vida. Uno no es responsable del comportamiento de la otra persona, pero sí lo es de permitir que esté en tu vida. Limitarte a retirarte de una situación desagradable no es suficiente para sanar. Para sanar y no volver a crear la misma infelicidad debemos llegar hasta la causa subyacente, y luego sanarla.

Para descubrir cuál podría ser la causa subyacente que hay en tu vida tendrás que establecer un compromiso muy elevado con la sanación. Nunca es divertido sumergirse en esas aguas tan profundas y turbias, pero es siempre necesario para dejar de recrear una y otra vez el pasado.

Piensa sólo un momento en cuántas veces te has encontrado en la misma situación. Juraste que nunca más te volvería a ocurrir, y aquí está otra vez. Pero esta vez es peor que antes.

Cuando todavía no hemos despertado a nuestra realidad espiritual, fingimos que no tenemos nada que ver con aquello que aparece en nuestras vidas. Nos limitamos a continuar, sin causarle ninguna dificultad a nadie, pero estas cosas horribles no dejan de suceder. Ciertamente que no lo hemos pedido, o al menos intentamos convencernos de que es así, a nosotros mismos y a cualquiera que esté dispuesto a escuchar. Proyectamos «ahí fuera» lo que en realidad es nuestro propio equipaje negativo, y no lo reconocemos cuando hace un efecto "boomerang" y nos golpea en la cara. «Por mucho que lo intento», gritamos, «¿por qué continúa sucediéndome siempre lo mismo?» Está sucediendo debido a la creencia interna, profundamente arraigada, de que mereces que te pisoteen, te utilicen y luego te arrojen a la basura, o cualquier otra cosa que sea tu equipaje negativo. No es culpa tuya, pero estás herido.

¿De-quién-es-la-culpa? es el juego favorito del ego. Hace años, mi primer marido y yo solíamos reñir constantemente. Éramos dos niños inmaduros que no deberían haber estado casados. En nuestras discusiones habituales, mi marido me preguntaba, «¿De quién es la culpa?». Era como si asignarle la culpa a alguien en la pelea del día lo arreglara todo. El centro de la contienda era que yo sentía que él siempre encontraba que yo era la culpable, sin importar la razón de la discusión. Desde mi perspectiva, por supuesto, yo veía claramente que la culpa era suya, dado su gran interés por saber a quién culpar. No hace falta decir que no fue una época feliz para ninguno de los dos.

Encontrar exactamente a quién culpar no es la razón por la que estás aquí. Sanar tu psique, tus heridas del alma, mediante el perdón y el amor, sí lo es. Siempre que sentimos la tentación de condenar a otra persona, es porque, secretamente, creemos que sólo somos dignos de ser condenados. Cada vez que juzgamos a otra persona, en realidad nos estamos juzgando a nosotros mismos.

James y Tom son amigos míos. James es guapísimo y siempre viste como si saliera de GQ. Es muy brillante, tiene un título de licenciatura y un título universitario de las escuelas de la Ivy League. Es ocurrente, y la gente se siente naturalmente atraída hacia él. Un fin de semana, viajamos juntos a una conferencia. Yo conocía a James desde hacía años pero, hasta este viaje, nunca habíamos pasado mucho tiempo los dos solos.

Para mi sorpresa, no hizo otra cosa que hablar de que no soportaba a Tom. Se mofó del aspecto de Tom, se burló de su gusto, de sus trajes, incluso del tipo de cazadoras que vestía.

Tom tiene un título de Doctor en filosofía de la universidad estatal y James ponía peros a eso.

James parecía detestar todo lo que tuviera que ver con Tom. En aquel momento, yo no quería hacer de terapeuta para James, de modo que envié bendiciones para él y para Tom y le pedí al Espíritu Santo que sanara esta dinámica. Empecé a pensar, «¿Será cierto que Tom sólo usa ropa de poliester?». No me había fijado. «¡Basta!» exclamé mentalmente. «No te creas los agravios de James y no los hagas tuyos».

En esta conferencia, James y yo nos encontrábamos en la misma sesión, cuando el instructor empezó a hablar del tema perfecto. *Cualquier cosa que vemos que no nos gusta en otra persona es una cortina de humo que intenta esconder lo que realmente odiamos en nosotros mismos.* Nos aterroriza verlo en nosotros mismos y utilizamos nuestra energía para negar que podría estar en nosotros, cuando se encuentra de una forma tan evidente en el otro tipo.

Estaba analizando cómo se podría aplicar esto a mí, cuando el instructor preguntó si había alguien que estuviera enfrentándose a esta situación y que deseara el apoyo del grupo para trabajarlo en ese momento. Rápidamente, me senté sobre mis manos, por miedo a que me traicionaran y se lanzaran por los aires. James habló y dijo que deseaba trabajar sobre una importante injusticia que había cometido con un colega. Empezó diciendo que había estado luchando contra sus sentimientos de crítica y desagrado hacia Tom. El instructor le pidió que describiera lo que veía en Tom y que hiciera una lista de todos los agravios.

El instructor le pidió a James que realizara una técnica básica que yo aprendí en el primer taller al que asistí en mi vida, al principio de los setenta, de Ken Keyes, el autor de *Handbook to Higher Consciousness*. He aquí la técnica:

Toma una hoja de papel en blanco y traza una línea horizontal en la parte superior. Desde el centro de dicha línea, traza una segunda línea hacia la parte inferior de la página.

Ahora, en el centro superior, escribe el nombre de una persona que haya sido como papel de lija para tu alma, alguien que realmente te moleste. Luego pon el signo más a la izquierda y el signo menos a la derecha. En la columna del más, escribe todo lo que te guste y que admires de esa persona, cualquier cosa buena que veas en ella.

En un taller que yo dirigí, un mujer escribió sólo una frase en la columna del más: «Escribe unas agradables tarjetas de condolencia». Bueno, eso sí que es extenderse, pero será suficiente. Escribe todo lo bueno y cuando hayas agotado el lado del más, pasa al lado del menos y empieza a escribir todo lo que no soportes de esa persona. No importa cuán pequeño o insignificante te parezca, si lo piensas, escríbelo. Si James hubiera escrito lo que estaba diciendo, hubiese sido algo así:

He aquí el secreto: la lista no habla de Tom, habla de James. Tu lista no habla de la otra persona, habla de ti. ¿Suena descabellado, o ya te lo imaginabas?

Esto es lo que James hizo, que realmente lo ayudó a entender. La misma técnica te ayudará a ti. Lee la columna izquierda de tu lista y, antes de cada punto, añade las palabras:

«Me quiero a mí mismo/a cuando...»

Luego dirígete a la segunda columna y añade las palabras:

«No me quiero a mí mismo/a cuando...»

Si puedes ser brutalmente honesto contigo mismo, este ejercicio realmente te abrirá los ojos.

Ahora, regresemos a la lista de James. Era algo así: «Me quiero a mí mismo cuando escribo una buena presentación. Me quiero a mí mismo cuando soy bueno con mis hijos. Me quiero a mí mismo cuando soy puntual. No me quiero a mí mismo cuando realizo la presentación pobremente. No me quiero cuando flirteo con las mujeres (todas las mujeres del grupo soltaron una risita). No me quiero cuando visto fatal. No me quiero cuando tengo un aspecto vulgar. No me quiero cuando tengo un pésimo gusto y ningún sentido del color. No me quiero cuando visto ropa barata».

Ahí estaba James, perfectamente coordinado, impecablemente arreglado y vestido, y, de un momento a otro, empezó a gritar: «¡Ya lo entiendo, ya lo entiendo! A menos que esté impecablemente vestido, a menos que todo en el exterior sea perfecto, me siento inadecuado, no me siento digno de ser querido, siento que no merezco nada y que no valgo nada». James llegó a la conclusión de que: «Lo que realmente me fastidiaba de Tom era que, evidentemente, se sentía bien consigo mismo sin importar lo que vistiera o llevara encima. Siempre creí que tenía que ser absolutamente perfecto sólo para ser aceptable. A pesar de que la gente me decía que yo era extraordinario, me veía apenas adecuado. ¡Caray! Qué revelación». En esos pocos minutos, la vida entera de James cambió.

+	Tom	−
• Escribe una buena presentación • Es bueno con sus hijos • Es puntual		• Realiza las presentaciones pobremente • Flirtea con las mujeres • Viste fatal • Tiene un aspecto vulgar • Tiene un pésimo gusto • No tiene sentido del color • Viste ropa barata

He descubierto que este ejercicio es increíblemente útil para llegar rápidamente al problema subyacente. Mirar aquello que no podemos soportar en otra persona, si se evalúa con honestidad, nos permite descubrir lo que hay que sanar en nosotros mismos. Nuestras críticas nunca están dirigidas a la otra persona, sino siempre a nosotros mismos.

Un Curso de Milagros declara que «Todo aquello que ves en el exterior es un juicio de lo que has visto en tu interior». La tensión del juicio constante, tarde o temprano, se vuelve intolerable. Una gran liberación y una paz profunda llegan cuando te encuentras contigo mismo y con tus hermanos y hermanas sin emitir ningún juicio. Cuando miramos a otra persona lo único que estamos viendo es nuestro propio yo. Es a nosotros mismos a quien juzgamos, condenamos o liberamos; es a nosotros mismos a quien amamos o bendecimos.

Mírate a ti mismo, o a ti misma, observa ti vida y fíjate en lo que ha estado en alineación con tu esencia espiritual. Observa lo que ha sido parcialmente cierto y lo que ha estado parcialmente adherido a lo falso, y entrégaselo al Espíritu Santo.

Un Curso de Milagros habla del estar dispuestos a entregarle al Espíritu Santo cualquier cosa que nos haga daño. Nuestras creencias y juicios falsos, y nuestras apropiaciones indebidas nos han hecho daño y continuarán haciéndolo mientras nos sigamos aferrando a ello.

Debemos preguntarnos de la manera más honesta: «¿Deseo deshacerme de este dolor? ¿Quiero liberarme de este desarreglo?». Si la respuesta es sí, ese sí no basta por sí solo para que el desarreglo y el dolor se desvanezcan. Antes debemos exclamar: «¡Sí, deseo estar libre de esto!». Y luego: «¿Y ahora qué?».

Este es el punto en el cual estamos abiertos a recibir ayuda, ayuda de alguien que tenga una visión más amplia de lo que podemos hacer en ese momento. Yo me siento muy cómoda identificando esta ayuda como el Espíritu Santo, el Espíritu de Dios que está a nuestra disposición de un modo muy personal.

Si te sientes cómodo con ese concepto y con ese nombre, utilízalo. Si no es así, intenta utilizar la palabra «Luz», como, por ejemplo: «Entrego mis percepciones falsas y dañinas a la Luz». Quizás sientas una resonancia con el Amor Divino o con un ángel o un ser superior de tu orientación religiosa/espiritual. El nombre que utilices no es tan importante como llegar a esta etapa decisiva de estar dispuesto a soltar, a entregar o deshacerte de aquello que no ha funcionado.

Si durante años has estado diciendo: «Todos los hombres son iguales», y te parece que todos los hombres son así, entonces necesitas comprender que:

1. No todos los hombres son iguales.

2. Tu creencia es muy negativa y se ha convertido en una profecía autocumplida.

3. Necesitas más ayuda ahora de la que eres capaz de proporcionarte a ti misma.

Es aquí cuando dices: «Espíritu Santo, por favor ayúdame a liberarme de esta creencia negativa. Ayúdame a sanar, para que pueda atraer a hombres buenos, amorosos, sensibles a mi vida. No deseo continuar viviendo con estos juicios. Ahora te los entrego. Gracias».

3

Estar necesitado
no es atractivo

Inicié mi primera relación íntima como una muchacha necesitada que había aceptado absolutamente que estaba incompleta sin un hombre. Debido a esta creencia central negativa, no lograba verme como alguien capaz de cuidar de sí misma, de tomar sus propias decisiones, de expresar plenamente la poca noción que tenía de quién era, o de considerarse una persona completa.

Estas falsas creencias a las cuales me aferraba como verdades hacía que tomara decisiones poco sabias, que comprometiera mis valores y a mi persona. Fueron necesarios muchos años, mucho dolor y mucho trabajo interior para que finalmente despertase y me valorase por encima de mi necesidad de aferrarme a migajas e intentar llamarlas amor.

Hasta que despertamos espiritualmente, entramos en las relaciones como personas extremadamente necesitadas, llenas de pensamientos erróneos y comportamientos enfermizos. Si cuestionas la realidad de esta observación, fíjate en los temas que se tratan en la mayoría de los programas de debate de la televisión en un día cualquiera. O, más cerca de tu casa, fíjate en el drama que se representa en las vidas de tus amigos, o quizá en tu propia vida.

Belinda es una mujer encantadora a la que conozco desde que empezó a venir a mi iglesia hace aproximadamente diez años. Se mantenía cuidadosamente protegida, separada por un muro de mí y de casi todos los demás, sin revelar nunca mucho de sí misma. Había algo misterioso y triste en torno a ella. Era como si llevara un gran peso en el corazón, pero en aquel entonces yo no sabía nada sobre su personalidad.

Finalmente, el dolor se hizo tan agudo que pidió hora para hablar conmigo. Cuando empezó a abrirse, me contó que había sido criada por una madre mentalmente perturbada y que nunca había conocido a su padre, el cual era de una raza distinta a la de su madre. La madre de Belinda siempre la había rechazado, se comportaba como si se avergonzara de la tez clara de Belinda y de sus finas facciones.

Esta hermosa niña creció en la ciudad de Nueva York y fue constantemente ridiculizada, golpeada, castigada y dejada sola. Cuando todavía asistía a la escuela secundaria, mantuvo una relación con un hombre que elogiaba su belleza y su talento artístico y que prometió cuidar de elia. Le ofreció el cielo, en el cual estaría a salvo de la locura y los maltratos de su madre. A la edad de diecisiete años, se fue a vivir con Carlton.

Belinda era como un cachorro hambriento, lamía cualquier migaja que le arrojaran. Eso era todo lo que recibía: migajas. No importaba lo que hiciera, no importaba cuánto se esforzara en complacer, sólo recibía migajas.

Habiendo sido una novia adolescente, estaba extremadamente necesitada en su matrimonio con Carlton. Necesitaba la aprobación constante y que le asegurasen que estaba bien, que era hermosa, digna de ser querida, inteligente y creativa. Carlton no podía ser molestado. Él no tenía tiempo para ella, la criticaba constantemente y se irritaba fácilmente por su necesidad de atención y de aprobación. Después de varios años de infelicidad con un hombre que para entonces ya se había vuelto violento, Belinda, ahora madre de un bebé, abandonó a Carlton. La vida, sin duda, se había vuelto más intensa para Belinda.

Mantuvo otras relaciones con hombres que le prometían que cuidarían de ella y de su hijo. Todas sus relaciones subsiguientes se parecieron a su relación con Carlton. Ella atraía a hombres que no estaban disponibles emocionalmente, a los cuales ella intentaba persuadir desesperadamente para que llenaran sus espacios vacíos. Intentaba frenéticamente hacer que la amaran, al igual que había buscado en vano el amor de una madre mentalmente enferma.

Belinda tardó de los diecisiete a los treinta y siete años en comprender que ningún hombre haría que su dolor desapareciera, ni que todo estuviera bien. Belinda recibió psicoterapia y asesoramiento espiritual durante años. Aceptó plenamente este doloroso proceso para poder atravesar su trauma en lugar de continuar viviéndolo. Trabajó para descubrir sus problemas centrales con el fin de sanar sus heridas del alma. Finalmente, dejó de buscar a alguien o algo fuera de ella que la hiciese sentirse completa y entera. Recientemente ha cumplido cuarenta años, y vino a verme para contarme que no sólo está bien, sino que está «¡de fábula!». Ahora siente un amor incondicional y la aceptación de sí misma. Se siente completa, pues ha aprendido a satisfacer sus propias necesidades. Ya no busca que otra persona, ya sea madre, amante o hijo, lo haga por ella. Finalmente, ha aprendido a quererse a sí misma y ha dejado de repetir aquellas relaciones llenas de dolor.

En su plenitud, me ha dicho: «Sabía que tenía que hacerlo, no sólo por mí, sino también por mi hijo. Sabía que la única forma de que él pudiera tener una vida mejor era sanando yo. Yo no podía hablar de perdón, de aceptación de uno mismo y de amor sin haber sanado el trauma de mi alma. Tenía que demostrárselo a través del ejemplo. Tardé tantos años en comprender que lo que estaba haciendo era repetir una y otra vez, en mis relaciones adultas, mi relación con una madre que no había estado disponible ni emocionalmente ni mentalmente. Lo hice por mí misma, y ahora puedo ser un ejemplo para mi hijo, que es mi regalo, al que tanto quiero».

¿Es amor o necesidad?

Los agravios secretos a los que nos aferramos son las mismas cosas que nos atraen en una nueva relación. Inicialmente, en nuestro pensamiento engañoso, llamamos a eso amor.

Así es como funciona: Mientras estamos en un estado de pensamiento engañoso, no estamos en contacto con este daño que sentimos que se nos ha hecho, pues habita en el subconsciente. Como el principio espiritual de «los iguales se atraen» está siempre en funcionamiento, aquello que permanece en el subconsciente está atrayendo lo mismo hacia sí, como un imán que atrae trozos de metal.

Cuando atraemos esta manifestación externa hacia nuestras vidas, nos resulta familiar, no porque le sea familiar al espíritu, sino al ego. Ya lo hemos experimentado antes, lo hemos vuelto a atraer, y hasta que no sanemos de esta energía negativa, continuaremos atrayendo personas y circunstancias similares.

Cualquier cosa que esté sucediendo en la profundidad de nuestra psique, cualquier cosa que tengamos por verdad, eso es exactamente lo que atraeremos. Lo que aparece en nuestra vida en el exterior es siempre un reflejo de lo que está ocurriendo en los confines más sutiles, más interiores, de nuestra mente.

Cuando partimos de la necesidad es como si estuviésemos inconscientes, buscando siempre completarnos en el exterior antes que en el interior. Por lo tanto, no atraemos a nuestra vida lo verdaderamente amoroso y positivo, sino otras circunstancias llenas de nuevas personas y nuevas situaciones que nos señalan exactamente aquello que aún no hemos sanado.

Cada vez que atraemos una relación así a nuestras vidas, tenemos la esperanza de que esta vez será diferente. Nos sentimos atraídos hacia una nueva persona, y creemos estar enamorados. Pero no somos «nuevos», ni estamos limpios, ni hemos sanado, de modo que, en un tiempo muy breve, esta nueva relación, que sigue siendo «especial», deviene rancia. Se cae a pedazos, pareciéndose mucho a relaciones similares que la precedieron.

La lozanía de una relación tan poco sagrada, o "especial", empieza a desvanecerse casi de inmediato. De repente, las cosas cambian y decimos llorando: «¡No es quien parecía ser al principio!» o «¡Se ha convertido en una perra engreída! ¡No la necesito!». Aunque esta dinámica del ego es compleja, se puede explicar en términos muy simples. En este tipo de relación, el ego es el único que manda. Recuérdalo, el ego es esa parte enferma de nosotros que desea bloquear nuestra felicidad en cada oportunidad que se presenta. Es un enemigo que finge ser un amigo.

En esta etapa de la relación que se fundamenta en el ego, la parte no sanada de una persona se siente atraída momentá-neamente hacia la parte no sanada de otra persona. Por ejemplo, cuando un hombre está muy herido, no puede ver realmente a su pareja; en lugar de eso, proyecta la imagen que tiene de las mujeres en su pareja actual, la cual, en esta etapa, está dispuesta a participar de su drama. Este tipo de relación está condenada incluso antes de empezar, porque ninguna de las mujeres que él trae a su vida encajarán con su imagen o con sus problemas pendientes durante mucho tiempo. Cada una de las partes pronto exigirá que él la vea a ella por lo que es, y esto alterará sus frágiles ilusiones. Estas relaciones pueden romperse o no romperse en este punto, pero tarde o temprano se deteriorarán.

Conozco a una pareja cuyo matrimonio de treinta años opera según esta dinámica del ego. La esposa mantiene su ideal, en el cual las apariencias lo son todo. Ella dirige esta película en su cabeza de cuán romántica sería su vida si su marido actuara de una determinada manera. Él haría exactamente las cosas que ella consideraba que son lo mejor para ella. Él diría las palabras apropiadas en los momentos apropiados. Entonces su vida sería perfecta. En realidad ella no desea un marido; un marido tiene personalidad propia. Ella quiere una marioneta.

La dinámica de una relación especial o no sagrada es una relación en la cual la realidad de la pareja no entra para nada a estropear la fantasía. En una relación así, cuanto menos aporte el otro a la relación, mejor le parece a la persona controladora, necesitada. Este tipo de unión no sagrada es un intento de adherirse a una ilusión y luego llamarla «realidad» o incluso «amor». No es la realidad, no es amor. Es enfermedad.

La cualidad «especial» no puede ser nunca un sustituto satisfactorio de lo sagrado. Reconocer que nos hemos visto envueltos en repetidas ocasiones en este tipo de uniones basadas en el ego es la primera etapa de nuestra propia sanación. En esta etapa inicial, la necesidad de la fe es poderosa, ya que la relación podría parecer alborotada, disyuntiva e incluso angustiante. Muchas relaciones se han roto en esta etapa y se han vuelto a retomar las antiguas búsquedas no sagradas y los patrones repetitivos con una nueva pareja, buscando una vez más una relación "especial". Como pastora que ha trabajado con muchas parejas a lo largo de los años, desgraciadamente, esto es algo que he visto suceder una y otra vez.

Una pareja a la que siempre recordaré, Eric y Linda, ya estaba casada cuando nos conocimos y sus almas parecían estar unidas de una forma muy intensa. Incluso diría que eran almas gemelas. Parecían disfrutar el uno del otro, divertirse juntos y tener intereses similares, incluyendo un camino espiritual compartido. Entonces sucedió que una serie de acontecimientos crearon una tensión en su relación, de la cual nunca se recuperaron.

Linda había recibido una francamente buena educación, con varios títulos superiores. Eric, a pesar de ser brillante, no había terminado la universidad. Naturalmente, la educación era importante para Linda, pero ella decía que amaba a Eric tal como era, y que si algún día decidía acabar la universidad, ella trabajaría horas extra para apoyarlo.

Linda tenía un puesto administrativo superior en una importante empresa. Era respetada y tenía éxito. Eric trabajaba en la venta de ordenadores y era igualmente exitoso, aunque su sueldo era muy inferior al de Linda. Entonces tuvieron lugar tres cambios importantes que hicieron que los cimientos de su matrimonio se estremecieran.

1. La compañía de Linda cerró varios de sus principales departamentos. Desgraciadamente, el suyo fue uno de ellos. Ella no era feliz con este cambio, y acabó marchándose. Por primera vez desde que terminó sus estudios, se encontró sin trabajo.

2. Su padre, que había abusado sexualmente de ella desde que tenía tres años hasta los quince, se puso en contacto con ella, pues deseaba enmendarlo y restablecer su relación. Ahora bien, Linda había estado años en terapia trabajando sus problemas por el abuso, y aunque se había distanciado de la energía traumática y del recuerdo de ello, todavía había una herida importante. La reaparición de su padre volvió a abrir bruscamente esta herida.

3. Sus hijas gemelas pre-adolescentes empezaron a pasar por la pubertad y a montarle escenas constantemente. Eran escandalosamente hostiles con su padrastro, culpándolo de todo, desde de sus malas notas hasta de su acné emergente. Súbitamente, lo «odiaban» y querían volver a su vida anterior, cuando la única persona a cargo de ellas era su madre. Era un escenario bastante desagradable.

Linda, con su autoestima amenazada por varios frentes, empezó a venirse abajo. Las cosas que antes le habían gustado de Eric eran las cosas de las que siempre se quejaba ahora.

Empezó colocar exigencias poco realistas en él. Se quejaba amargamente de que él no la apoyaba suficientemente emocionalmente ni económicamente. No le gustaba cómo se comportaba con sus hijas, que constantemente tenían unas furiosas rabietas. En pocas palabras, no quedaban muchas cosas que le continuaran agradando de él, y no digamos amor. ¿Triste? Sí. ¿Extraño? No.

Al experimentar Linda tantos retos negativos en tan poco tiempo, tenía dos opciones: proyectar sus miedos emergentes y sus heridas abiertas en Eric, o utilizar la realidad de lo que estaba sucediendo como una oportunidad para avanzar hacia lo que podría ser.

Por desgracia, eligió la primera posibilidad y huyó. Podría haber elegido alejarse y analizar lo que estaba sucediendo como una llamada a despertar, a sanar a un nivel profundo y entrar más plenamente en su totalidad. Pero la niña interior traumatizada estaba prácticamente paralizada por el miedo. Eric intentó llegar hasta ella, pero ella no quiso dejarle entrar. Los llamé y les pedí que vinieran a verme para que pudiéramos analizar espiritualmente lo que estaba sucediendo, es decir, descubrir lo que estaba ocurriendo en realidad debajo de los problemas de la superficie. Hablamos y sugerí que entregaran su relación y todo lo que había sucedido recientemente al Espíritu Santo, solicitándole apoyo para la sanación. Hablamos de que tenían una fe y un compromiso suficientemente fuertes como para permitirse ascender a un nuevo nivel de su relación y percibir la luz del amor en el otro para su sanación mutua. Ambos dijeron que lo harían, pero poco tiempo después se separaron.

Siento lástima por su separación, ya que eran almas gemelas. Ambos tienen mucho que procesar, que perdonar, que sanar y que soltar, pero realmente había una chispa en ellos, y esa chispa ahora se ha extinguido.

Lo que sucedió con Linda y Eric suele ocurrir en las relaciones «especiales». Todo parece funcionar mientras nadie mueva ninguna de las piezas. En un breve período de tiempo, varias piezas importantes fueron retiradas bruscamente de su lugar para Linda y Eric, y la imagen externa cambió prácticamente de la noche a la mañana. La esencia espiritual que había en el centro de Linda y Eric no se había utilizado del todo. Cuando se presentó la oportunidad de hacerlo, ambos acabaron asustados y huyeron. Es triste, pero sucede todo el tiempo.

En este punto, el ego nos anima a entrar en una relación nueva, mejor, en la que el antiguo objetivo se pueda realizar, esta vez con una nueva persona. Sustituimos con una nueva pareja a la antigua, con la esperanza de que ésta tenga un comportamiento que se corresponda más con nuestra imagen.

Durante varios años he estado estudiando con Su Santidad el Dalai Lama. Una vez, en una de sus conferencias a la cual asistí, alguien preguntó: «¿Cuál es el propósito de la vida?». Él hizo una pausa, luego, pensativamente, respondió con su amplia sonrisa habitual: «¡Ser Feliz!».

Un Curso de Milagros enseña que la función de todas las relaciones es «hacer feliz». Ahora, tú y yo seguramente sabemos que la mayoría de las relaciones que vemos no tienen como función «hacer feliz», y que la mayoría de nosotros no comprendemos que el propósito de la vida es «ser feliz».

Nuestras almas nos conducen siempre hacia nuestra alegría. Lo que sucede es que, a menudo, no estamos preparados para ella. Ni siquiera sabemos cómo reconocerla o aceptarla, porque hemos estado muy mal informados respecto al propósito de las relaciones.

Las relaciones no son para satisfacer tus necesidades. Una persona necesitada es como una persona que te chupa la sangre, que busca alimento, realización y totalidad, no en sí misma, sino en ti. Es una forma de interacción que quita energía, dañina y disfuncional, y no tiene fin. Linda se quejaba de que Eric no estaba satisfaciendo sus necesidades. Por supuesto que no. Eso le hubiese resultado imposible. Él no podía eliminar las inseguridades de ella. Él no podía sanar las heridas que su padre abusivo le había producido, ni calmar a sus hijas furiosas.

Recuerda, no podemos ser felices en una relación cuando estamos intentando forzar a alguien a que satisfaga unas necesidades que sólo nosotros podemos satisfacer, que sane las heridas que sólo nosotros podemos sanar.

Cuando solicitamos ayuda a través de la intervención del Espíritu Santo, estamos reconociendo lo inapropiado de nuestros antiguos patrones para nuestro nuevo objetivo. Hasta que nuestras mentes lo acepten verdaderamente como nuestro único objetivo, la relación puede pasar por muchísimas tensiones y conflictos. No obstante, un cambio más lento no sería más suave, porque el desalojo de los patrones del ego establecidos desde hace mucho tiempo exige un cambio radical, no uno suave o amable.

Cuando el poder sanador de Dios es invitado a estar presente en una relación, la antigua forma de interacción se ve inicialmente amenazada y se coloca en una posición muy precaria. Fue en esta primera etapa que Linda y Eric se lanzaron en paracaídas. A medida que el tiempo pasa, y si continuamos concentrados en la posibilidad de una relación sanada, la antigua relación especial no sagrada comienza a transformarse por el nuevo objetivo de ser sagrada. Las críticas empiezan a desaparecer, las exigencias cesan, y se incrementa el perdón, la comprensión y la compasión. Empezamos pasar por alto los errores de los demás y a valorar sus esfuerzos.

Somos capaces de mirar hacia adentro y ver la belleza interior que hay ahí. Somos capaces de mirar a nuestra pareja y ver la luz que brilla en sus ojos y que emana de su corazón. Somos capaces de sentirlo en su abrazo. La relación está pasando por un renacimiento, naciendo de nuevo a lo sagrado. Durante esta etapa de nacimiento, la necesidad de fe es intensa.

Debemos tener fe en el poder que es más grande que nosotros y al cual hemos entregado la relación. La fe en el poder del Espíritu Santo, que ahora está a cargo de la relación, también la sanará. Cuando confiamos en el poder de este amor, el trabajo nunca queda a medio hacer. Debemos tener fe, también, en la bondad innata de nuestra pareja y de nosotros mismos. Nuestra solicitud de ayuda siempre es respondida, y si nuestra fe permanece inalterada, siempre seremos guiados a través de las necesarias fases del proceso de sanación hacia la realización. Entonces somos libres, como nunca antes, para tomar a nuestra pareja de la mano y caminar juntos hacia el amor, la luz, lo sagrado y la felicidad.

Tres fases del proceso de sanación

Si ya tienes una relación y ambos estáis de acuerdo en entregársela al poder sanador del Espíritu Santo, no se perderá ni se anulará todo lo que la relación contenía. Las siguientes pautas te ayudarán a comprender cómo funciona el proceso de sanación y a identificar dónde se encuentra tu relación.

1. Aquello que ya es amor verdadero y que ya está en completo acuerdo con la pureza de tu espíritu será conservado y elevado como una bendición para la recién formada relación.

2. Aquello que está parcialmente en acuerdo y parcialmente en desacuerdo con la verdad de tu espíritu interior será separado y la parte que no está alineada será atraída fuera de ti y liberada por completo. Luego, la parte que está en alineación con la verdad será elevada y se acercará a la Luz. Cuando, por ejemplo, los momentos altruistas se entremezclen con los egoístas, los altruistas serán elevados y los egoístas liberados.

3. Esos pensamientos, sentimientos, actitudes y creencias que están totalmente en desacuerdo con la verdad espiritual serán alejados de ti mediante tu disposición a dejarlos ir. La Luz del Espíritu disipa estas energías. Se convierten en cau-

sas impotentes que ya no son capaces de producir ningún efecto, lo cual significa que la antigua energía negativa ya no continuará atrayendo energías y circunstancias similares hacia tu vida. Cuando solicitamos al Espíritu Santo que entre en nuestras relaciones especiales, podemos estar seguros de que el Amor responderá.

Debemos estar verdaderamente dispuestos a abandonar estos patrones antiguos y dañinos. Al hacerlo, finalmente tenemos la seguridad de que se ha iniciado la sanación y de que ahora podemos tener un futuro distinto al pasado.

Todavía habrá ocasiones, muchas, en las cuales te sentirás tentado o tentada a comportarte una vez más de un modo enfermizo: discutiendo por algo insignificante, criticando a tu pareja, enumerando sus defectos, guardándole rencor, percibiendo erróneamente que te ha hecho daño, tomándote como algo personal aquello que no tiene nada que ver contigo... y la lista podría continuar infinitamente. Si eres honesto contigo mismo, o contigo misma, sabes cómo te comportas cuando estás actuando a partir de tu ego y no de la parte divinamente amorosa de ti mismo.

Cuando me encuentro atrapada en esos momentos, siendo atraída hacia un modelo negativo, me miro en el espejo y grito: «¡Basta!» con todas mis fuerzas. Esto parece hacerme salir de la acelerada energía de la insensatez. Después, me concedo un momento y solicito que el amor llene mi vida. Dado que no estoy experimentando paz, debo haberme desviado del camino en algún momento. Solicito que se me muestre el camino de regreso al amor. Cuando aceptamos una inversión total del viejo orden y estamos dispuestos a aceptar que realmente ha de haber un camino mejor, se ha iniciado la sanación. El camino del amor, el que funcionará, ha sido aceptado.

Aunque estas tres fases pueden ocurrir dentro de una relación emocionante, las he observado con mayor frecuencia como tres pasos de sanación dentro de la consciencia y la vida de un individuo.

Kim es una mujer que vive la vida a tope y ha experimentado un éxito increíble en la mayoría de las áreas de su vida. Siendo una mujer muy joven, alcanzó grandes objetivos profesionales y empezó a tener unos ingresos importantes mientras otros como ella luchaban para llegar a fin de mes. Ella rebozaba inteligencia, belleza, encanto, calidez y estilo. Los demás se sentían bien sólo por estar en su compañía. A juzgar por todas las apariencias externas, lo tenía todo, desde una encantadora casa en las afueras hasta un cuerpo estupendo.

Lo que Kim no tenía, ni había tenido jamás, era una relación que funcionase, o al menos que funcionase durante mucho tiempo. Había estado casada durante nueve años y se había divorciado cuando todavía estaba en la treintena. Después de eso, tuvo varias relaciones intensas y todas siguieron el mismo curso.

Al principio eran emocionantes y románticas. Luego aparecían los problemas irresueltos del pasado y la historia de cada uno de los miembros de la pareja, y finalmente la relación se rompía. La vida de Kim entraba en una rutina de vida social con los amigos hasta que el próximo Sr. Perfecto llegaba cabalgando en su corcel blanco.

A medida que la vida espiritual de Kim fue adquiriendo más importancia para ella que su vida romántica, empezó a sanar lentamente. En su trabajo individual de sanación pasó por las tres fases descritas arriba, no dentro de una relación sentimental exterior, sino en su relación consigo misma. Para empezar, reconoció que su problema con los hombres no estaba en ningún lugar exterior. Estaba «aquí dentro», decía ella, dándose golpecitos en el centro de su pecho. A partir de este reconocimiento, pasó rápidamente por las tres etapas del proceso de sanación.

En primer lugar, se volvió a poner en contacto con el conocimiento de que era un ser espiritual, una mujer diosa, y que todos los hombres llegan a su vida para bendecirla y ser bendecidos. Con este conocimiento espiritual como base, podía entrar en la segunda etapa, separar el trigo de la paja. Quizás te resulte familiar la historia bíblica de la recolección del cereal. Mezcladas con el buen grano, el trigo, están todas las demás plantas que la vida ha estado sembrando en el campo. Este sobrante ha de ser separado y descartado. Su lugar no está junto al buen cereal. En nuestras vidas este proceso puede compararse a limpiar nuestras almas de la negatividad y vivir en la rica cosecha del amor.

Considera la segunda etapa como lo hizo Kim: la «fase de trilla». La mejor parte de este segundo paso es que ya no realizamos este proceso solos. Alguien con una sabiduría mucho mayor nos está guiando. Kim vivió en la segunda etapa durante un tiempo, cambiando y clasificando, haciendo muchos descubrimientos, y unas cuantas recaídas en antiguos comportamientos. A medida que la profundidad de su disposición a ser sanada se incrementó, rápidamente empezó a reconocer y a soltar todo aquello que no estaba de acuerdo con su amor espiritual. Aquí su sanación realmente se aceleró.

Ahora estaba preparada para entrar en la tercera etapa, que es el momento de la liberación total. La tercera es donde se encuentra la voluntad de dejar atrás todo aquello que nos ha hecho daño alguna vez: actitudes, creencias, pensamientos, emociones, recuerdos. Ahora Kim estaba preparada para entregar al Espíritu Santo todo aquello que había considerado valioso o verdadero. Aquí reconoció que sus antiguas creencias no eran verdaderas ni valiosas. Su sanación fue profunda e intensa. Es feliz, está en paz y segura de sí misma.

Kim ha salido con algunos hombres que creyó que podían ser su alma gemela, y con los cuales sintió que podía tener una relación sagrada libre de conflictos y del antiguo comportamiento basado en el ego. Pero pronto supo que eran, claramente, el alma gemela de alguna otra persona, no la suya, a pesar de ser unos hombres maravillosos.

Entretanto, está disfrutando plenamente de la vida, sanada, feliz, amorosa y libre. ¿Conocerá a su alma gemela y se casará con él, tal como realmente lo desea? ¡Por supuesto! Está preparada y me ha dicho que sabe que lo encontrará.

Kim irradia el resplandor de alguien que realmente vive de acuerdo con una consciencia de paz y de amor. Está en paz consigo misma y con su pasado. Ahora se concentra en vivir como una manifestación del amor, en lugar de concentrarse en estar enamorada. El amor está en ella, en lugar de estar ella en el amor.

Henri y Rachel son una pareja franco-canadiense que viene de dos familias estrechamente entrelazadas. En sus años de crecimiento, los miembros de sus familias solían bromear diciendo que estos dos niños maravillosos se casarían y les darían unos nietos fantásticos. Todos los presentes asentían con una gran carcajada.

Durante muchos años, Rachel y Henri se vieron más como un hermano y una hermana que como potenciales amantes o esposos. En realidad, nunca salieron juntos hasta que tuvieron veintitantos años. Cuando empezaron a salir y su relación se hizo más profunda, ambas familias se sintieron extasiadas, particularmente cuando anunciaron su compromiso. La consiguiente fiesta de compromiso fue un asunto destacable. He visto muy pocas recepciones de boda tan elaboradas y lujosas como su fiesta de compromiso.

La boda de Henri y Rachel y sus primeros años de matrimonio fueron como un cuento de hadas hecho realidad. Ella personificaba a la princesa, y él era su Príncipe Azul. Siempre le prestaban una desproporcionada cantidad de atención a la belleza física. Parecían identificarse con su aspecto físico, individualmente y como pareja.

La vida es muchísimo más que la belleza física y vivir un cuento de hadas, pero ni la pareja ni sus familias comprendieron esto.

Rachel trabajaba para una empresa internacional y empezó a viajar con frecuencia a Francia. Cuando volvía a casa de estos viajes estaba eufórica. Amaba su trabajo, le encantaba ir de compras en París, le halagaba que uno de los ejecutivos más importantes de la compañía la invitara a beber vino y cenar de un modo opulento. Estos encuentros por la noche empezaron de una forma bastante inocente, o eso creyó Rachel. Al principio, al regresar a casa, Rachel le contaba a Henri todo acerca de lo bien que se lo estaba pasando.

En uno de sus viajes a París, el ejecutivo le pidió a Rachel que se quedara en Francia unos días más para que pudieran adelantar un poco el trabajo en su casa de campo. Ella estuvo de acuerdo, y le contó a Henri una historia llena de verdades a medias, y se fue con el hombre que estaba a punto de convertirse en su amante.

Rachel parecía aliviada de que Henri finalmente supiera la verdad, de que se hubieran acabado las mentiras y la necesidad de estar siempre ocultando cosas. Inmediatamente cortó la relación con su amante francés y le rogó el perdón a Henri. Pero el ego de Henri estaba demasiado herido. Se negó. No quería nada de Rachel, excepto el divorcio. Le dijo que podía quedarse con la casa, el dinero y cualquier cosa que quisiera. Lo único que él deseaba era *salir*. El cuento de hadas se convirtió en tragedia.

Nunca había visto a un hombre tan triste después de un divorcio como lo estaba Henri. Rachel lloró durante dos años. Se odiaba a sí misma y parecía incapaz de seguir adelante con su vida. Entonces, a través de una serie de circunstancias, ella llegó hasta un consejero espiritual que, después de varias sesiones, le empezó a hablarle a Rachel de las tres fases del proceso de sanación.

Rachel recibió exactamente la enseñanza adecuada en el momento adecuado. Se empapó de ella como un esponja que absorbe el agua. Al principio, aplicó cada una de las fases únicamente a su yo actual, y luego a su pasado con Henri. Rachel empezó a sanar, y entonces hizo algo muy valiente. Después de no haber hablado ni visto a Henri en casi tres años, fue a su apartamento, sin previo aviso, para verlo.

Cuando Henri abrió la puerta y vio a Rachel ahí, se quedó anonadado, en realidad se quedó tan anonadado que fue incapaz de adoptar de inmediato su postura de enfado y su negativa a perdonar. Rachel estaba ante él como una mujer distinta, ya no era una mujer herida, ni se sentía culpable, ni estaba hundida, era una mujer entera, sanada y segura en su interior. Lo miró a los ojos y le dijo suavemente «Quiero compartir algo importante contigo mientras almorzamos. Yo invito». Al ser tomado totalmente por sorpresa, Henri aceptó.

Durante el almuerzo Rachel le contó lo que había estado haciendo y que ahora sabía que había sanado; no sólo sanado de las frenéticas condiciones que siguieron a su aventura amorosa, sino también de las causas subyacentes. Henri la escuchó en silencio. Todavía la amaba muchísimo. Al verla otra vez, supo que siempre amaría a Rachel.

Entonces Rachel le preguntó si estaría dispuesto a realizar un trabajo de sanación para sí mismo y entregar el proceso a un poder superior a ellos. Le preguntó si estaba dispuesto a sanar de su dolor y su rabia. Henri conocía la respuesta antes de que ella hiciera la pregunta. Sí, sí, sabía que había llegado el momento. Henri fue a ver al consejero espiritual de Rachel y se informó de lo que significaba entregar su dolor y sus problemas y aflicciones al Espíritu Santo o al Amor Divino y de lo que podría suceder y sucedería si lo hacía.

Creo que pasó por las tres fases con bastante rapidez porque su voluntad de ser sanado era muy fuerte. La primera etapa fue la más fácil, ya que él pudo ponerse rápidamente en contacto con su gran amor por Rachel. Inició el proceso de abrir su corazón y sentir que el amor de Dios fluía ahí. Llegó a comprender que su amor por Rachel era una expresión personal de una consciencia aún mayor del amor. Este amor se había elevado y continuaba siendo una bendición.

Para pasar a la segunda fase tuvo que hacer toda una clasificación, ya que Henri comprendió qué creencias suyas estaban en alineación con la verdad espiritual y cuáles no lo estaban. Aprendió a separar el trigo de la paja en su propia vida.

Entonces estuvo dispuesto a entrar en las aguas más profundas de la fase tres. Aquí renunció a toda la rabia, la autocondena, el enfado, la culpa y los mensajes del ego. Trabajó duro para reconocer que debía realizar este trabajo de sanación él solo para poder seguir adelante con su vida.

Mientras trabajaba para ser sanado a niveles cada vez más profundos, Henri solicitaba la asistencia del Espíritu Santo. Sus peticiones fueron respondidas consistentemente. Después de realizar este trabajo durante varios meses y experimentar una gran liberación, dijo que era como si hubiese estado viviendo en medio de la niebla y ahora el sol brillara con fuerza.

Entonces Henri invitó a Rachel a cenar. «Yo invito». Ahí le agradeció por haber venido hasta él para compartir lo que ella había aprendido espiritualmente. Le preguntó si estaría dispuesta a empezar a salir con él y ver hacia dónde los conducía el Espíritu Santo. El corazón de Rachel dio un brinco. Esto era lo que había estado pidiendo en sus oraciones, si era verdaderamente para el mayor bien de ambos.

Al poco tiempo se volvieron a casar, esta vez no basándose en un cuento de hadas, sino en un profundo compromiso con sus caminos espirituales y aprendiendo a vivir en el amor absoluto.

4

Leyes espirituales para la vida

Tal y como afirmé en el capítulo 2, somos seres espirituales que están teniendo una experiencia humana y no seres humanos que ocasionalmente tienen una experiencia espiritual. Somos Seres Espirituales que viven en un Universo Espiritual gobernado por Leyes Espirituales.

Podemos aprender lo que son estas Leyes Espirituales, o principios universales, y alinear todos los aspectos de nuestro ser con ellas. La ley o principio espiritual es aquello que es inalterable, eterno, que no está sujeto a las circunstancias ni a la interpretación de la humanidad, y siempre expresa algún aspecto del Amor Universal. El principio no respeta a las personas. Es como la electricidad que fluye al interruptor de la luz: la electricidad no te proporciona la energía para encender la luz por el hecho de que seas simpático o antipático con ella. Existe tanto si decides reconocerla como si no. La energía está ahí, gobernada por ciertas leyes que funcionan cuando todo marcha adecuadamente.

La ley universal está siempre en funcionamiento, tanto si le prestamos atención como si no. Las leyes universales no vacilan; son inalterables. Son las leyes de la libertad, y las nuestras son las leyes de la esclavitud. Las leyes universales nos proporcionan orden, amor, totalidad y éxito. A través del proceso individual del despertar espiritual, podemos llegar a reconocer cuándo estamos operando fuera de las Leyes Espirituales, que siempre serán una manifestación del amor. También sabremos cuándo estamos operando fuera de los dominios del ego, que siempre será una manifestación del miedo.

Siempre que experimentes algo, ya sea alegre o aterrador, pregúntate: «¿Siento esto como totalidad, orden, amor y éxito? ¿Me conduce esto hacia mi bien?». Si la respuesta es afirmativa, entonces adelante; si es no, vuelve a elegir. Cuando estés confuso, pídele a la Inteligencia Universal (puedes llamarla Dios, Amor o Espíritu Santo) que hay en tu interior que te guíe y te dirija. Al aprender a escuchar, recibirás orientación sobre cómo alinear tu vida con las leyes universales. Entonces podrás experimentar una auténtica alegría, el desenlace adecuado de las situaciones, un futuro distinto al pasado. He aquí algunas leyes universales:

1. *Aquello en lo que nos concentramos se expande.* Comprender totalmente esta ley universal y vivir de acuerdo con ella proporciona una gran claridad a nuestras vidas. Siempre que nos concentramos en algo en nuestros pensamientos, palabras, actitudes y emociones, al poner nuestra atención en ello hacemos que se incremente al instante, no sólo en nuestras mentes, sino también en nuestra experiencia.

Si no deseas algo en tu vida (un disgusto con tu novio o novia, un pequeño roce con tu madre) deja de pensar constantemente en ello. Deja de repetir historias acerca de lo que sucedió. Deshazte de la idea de que la situación no cambiará nunca. Libera el nudo de emociones de tu interior.

Cuando hay algo que te perturbe, debes saber que es una elección, y que tienes el poder de hacer otra. Puedes elegir concentrarte en la paz y el amor y dejar que estos estados de tu ser se expandan.

2. **Tal como damos, así recibimos.** El mundo percibe el dar como algo costoso: una vez que hemos dado, tenemos menos porque hemos vaciado nuestra despensa. Pero desde una perspectiva espiritual, al dar en realidad recibimos incluso más. Para una mente racional, orientada hacia lo externo, esta verdad no es fácilmente comprensible. Esta parte de nuestra mente atestigua que si tenemos algo y lo damos todo, o una porción de ello, entonces ahora debemos tener menos. Esto no es lo que sucede en el acto espiritual de dar. Pongamos por ejemplo el amor de una madre por su hijo o hija. Al darle amor al niño, ella crece en su capacidad de amar y luego tiene todavía más, y adicionalmente tiene la alegría que recibe por ser parte de esta nueva vida. En este acto altruista de dar, el que da recibe aún más.

    Este principio espiritual funciona en todas las áreas de la vida si dejamos que sea así para nosotros. El único coste de dar es recibir. Entregar algo es la manera de conservarlo.

    Al darle amor a otra persona en este nivel de comprensión, nuestros corazones se convierten en canales puros de amor y de poder. Los modos torcidos se enderezan. Los milagros empiezan a iluminar nuestro camino. Nos abrimos para ser bendecidos por los milagros que son atraídos hacia nosotros por la irresistible fuerza del amor.

3. **Vivimos en un universo abundante.** Algunos eligen beneficiarse de esta abundancia, mientras que otros niegan su existencia. A medida que empiezas a disponer de la ilimitada abundancia del universo, cada cosa y bendición que deseas se manifiesta.

4. **El poder del Amor es el único poder verdadero.** El Amor es lo que lleva hasta ti lo que es tuyo. Cuando yo buscaba a mi alma gemela, escribí esta afirmación en varias fichas: «El Amor Divino que trabaja a través de mí me conduce

ahora hacia lo que es mío». Conservé una copia en mi mesita de noche y lo afirmaba al despertar y antes de acostarme. Tenía otras copias en la nevera y en el cuadro de mandos de mi coche. Mientras repetía esta afirmación, me sentía literalmente energizada por el amor. Le pedía al espíritu interior que tomara esta energía, esta consciencia, y la conectara con el alma gemela que yo sentía profundamente que me estaba buscando, al igual que yo lo buscaba a él.

Otra buena afirmación con la cual trabajar es: «El bien que estoy buscando me está buscando a mí ahora».

Yo tenía el conocimiento absoluto de que había alguien que me reconocería, del mismo modo que sabía que yo lo reconocería. Siempre sentí cómo sería estar en su presencia. Sabía que sólo era cuestión de que se dieran las circunstancias adecuadas y nos encontraríamos. No se trataba de una ilusión, una fantasía o una esperanza. Era un conocimiento absoluto, un pensamiento constante que no me abandonaba. Nuestro encuentro era una certeza, el único factor que desconocía era el momento en que se produciría.

5. ***Los iguales se atraen.*** Cuando miramos hacia adentro y encontramos amor, entonces estamos preparados y tenemos la consciencia para atraer una manifestación externa de dicho amor. Cuando encuentres y conozcas el amor que hay en tu propia alma, nunca más volverás a tener miedo de amar. Te deleitarás en el amor y serás testigo de la presencia del amor en todas partes. Tu consciencia se transformará; tus vibraciones y tus intenciones serán claras.

6. ***Nuestra dicha se incrementa al compartir.*** Tienes que colocar al amor en primer lugar para poder darlo. El amor es llegar a otro. Te ofrece todas las cosas eternamente. Si evitas extender el amor, incluso de la manera más leve, se marchará. Nuestra función no consiste en medir quiénes dan, cuánto están dando o con qué frecuencia dan amor,

atención, cariño, etc. Antes bien, nuestra función es darnos cuenta de que cada vez que extendemos amor o atención o cariño a otra persona, es un regalo, no sólo para el que lo recibe, sino también para nosotros. A través del compartir el amor de una forma incondicional, las bendiciones se empiezan a multiplicar.

Como estudiante de metafísica durante media vida y como maestra y pastora durante dieciséis años, ahora sé algo con tanta certeza que ya no puede cuestionarse o debatirse en mi mente. Sé que hay unas leyes universales, o principios espirituales, que nos gobiernan y que gobiernan la vida entera. Existen, son inalterables, y siempre funcionan. Lo sé con la misma certeza con que sé que el sol siempre brilla, tanto si el día está nublado como si está despejado. Sabemos que entre el amanecer y la puesta de sol, tanto si podemos verlo como si no, el sol está brillando. Sabemos que si dejamos caer una pelota de béisbol desde un balcón, caerá hacia abajo. Siempre lo hará. Punto. Es la ley de gravedad en funcionamiento.

El principio espiritual funciona de una forma tan exacta como la ley de la gravedad. Necesitamos librarnos del exceso de equipaje y entrar en el fluir para poder ser conscientes de ello. El principio siempre funciona. No me prefiere a mí más que a ti. Yo, simplemente, he mantenido un compromiso muy elevado de fidelidad al principio.

Si deseas amor, una relación sagrada, estar con tu alma gemela, entonces practica fielmente el vivir según los principios del amor. Trabaja en ti mismo, o en ti misma, y en nadie más. Cuando lo logres, debes estar preparado, o preparada, porque lo único que quedará es que el amor será atraído hacia ti, y atraído hacia ti de la manera que más te convenga.

Puedes disciplinarte para alinear todos tus pensamientos, tus palabras, tus sentimientos y tus actos con el principio espiritual del amor. Sí, la palabra es disciplina, que viene de discípulo. Seguir el camino del amor es ser discípulo del amor, ser un estudiante que se entrena para ser un maestro del amor. Para hacer esto, es necesario estar atento a la verdad, tener la certeza de que tus pensamientos continúan estando de acuerdo con la Ley Espiritual. Cuando descubras que tus pensamientos no están en armonía con el amor, abandona la negatividad lo más rápidamente posible y vuelve a ponerte en camino. Escucha tus palabras cuando hables. ¿Están de acuerdo con el amor? ¿Son amables, consideradas, amorosas, claras, compasivas y están a favor tuyo y de los demás?

Los sentimientos exigen una mayor atención hasta que sintonizas de una forma más completa con tus guías internos. ¿Tus sentimientos son livianos, cálidos, felices, dichosos e inclusivos? Si no es así, una vez más, entrega los sentimientos pesados al Amor Divino y despeja cualquier cosa que haya en tu interior que pudiera estar alejando al amor.

Arnold Patent, un gran maestro del principio espiritual, enseña que si no tenemos el bien que deseamos es porque lo estamos alejando de nosotros mismos. Bueno, la primera vez que lo oí decir esto, supe que era verdad aunque no comprendí del todo cómo era que alejábamos nuestro bien de nosotros mismos. Entonces comprendí que lo hacemos mediante nuestros pensamientos negativos, nuestras palabras ásperas, furiosas, de nuestros sentimientos de indignidad, nuestras quejas y todos nuestros «asuntos» no sanados. Todas estas cosas bloquean el paso a nuestro bien y mantienen la realización del amor a cierta distancia. Observa cómo estás sentado o sentada ahora mismo. ¿Está tu cuerpo relajado, en una postura abierta, o estás rígido, cerrado y encerrado?

Ahora, coloca tus pies planos sobre el suelo, siéntate derecho, equilibra tu cabeza, relaja los hombros y abre los brazos y las manos. Respira lentamente, profundamente, tres veces, inspirando a través de la nariz y espirando a través de la boca, y di para ti mismo: «*Relájate*». Observa cuán diferente te sientes.

Esta es una postura mucho más abierta y receptiva que el modo en que la gente suele llevar sus cuerpos. Cuando nos relajamos y estamos abiertos, el movimiento del amor que entra y que sale puede producirse sin que nosotros bloqueemos el flujo.

7. *Las leyes del universo son las leyes de la libertad.* Las leyes del ego son las leyes de la esclavitud. En ocasiones, nuestra mente-ego empieza a pensar que el amor verdadero, una relación sagrada, no llegará nunca. Entonces intentamos convencernos de que «ésta» es suficientemente buena, que podemos transigir, adaptarnos, cambiarlo a él o a ella sólo un poquito, conformarnos, y que la relación funcionará.

Antes de mis primeros dos matrimonios, hubo varias señales de peligro. Me decían claramente: «Esto no es bueno para ninguno de los dos», pero las ignoré. No podía, o no quería, leer la advertencia. Forcé más de lo que fluí. Me conformé con algo por miedo a no tener nada, y lo que obtuve fueron unas lecciones poderosamente intensas que me forzaron a crecer a través del dolor. Podemos crecer a través del dolor y el sufrimiento, pero no es el mejor sistema y no es el sistema de Dios.

Yo insistía en que mi realización estaba en una relación «especial». Probablemente, tú habrás hecho lo mismo. No funciona. Nos deja vacíos y heridos, confundidos y enfadados. Estamos enfadados porque no encontramos aquello que decíamos insistentemente que encontraríamos ahí, y es que no podíamos haberlo encontrado, y por eso estamos tristes y nos sentimos defraudados.

No te conformes con una pareja, con ninguna pareja. Antes que hacerte feliz, hará que ambos seáis infelices. Aprende a disfrutar de tu propia compañía. Haz por ti mismo o por ti misma aquello que habías dejado de hacer hasta que encontraras a alguien que lo hiciera contigo o por ti. Deja de esperar que tu felicidad dependa de otra persona. Descubre qué es lo que te hace feliz y hazlo ahora. Esperar a que otra persona haga que estés completo, o completa, hace que estés necesitado, y estar necesitado no tiene nada de atractivo. Repele a todos, excepto a las personas con problemas.

Poco tiempo antes de la muerte del famoso columnista Sidney Harris, asistí a una conferencia suya durante la cual ofreció su definición de un «matrimonio hecho en el cielo». Afirmó: «Un matrimonio hecho en el cielo es aquél en el que los agujeros que hay en la cabeza de ella encajan perfectamente con los peñascos que hay en la de él». Esta es una gran definición de una relación especial, de personas necesitadas.

Eres libre de entrar en una relación así, o puedes elegir ser realmente bueno contigo mismo y leer las señales, evitándote así varios años de angustia. He notado a lo largo de los años que aquello que la gente dice, al principio de una relación, que realmente no tiene importancia, es exactamente lo que tiene muchísima importancia cuando la llama del inicio se empieza a extinguir. La vida puede ser el paraíso. ¿Por qué insistimos en hacer de ella un infierno?

8. *Las leyes del universo son siempre causa, nunca efecto.* Cuando puedes mantenerte concentrado únicamente en la causa y no prestarle ninguna atención a los efectos, entonces te estás alineando con lo divino y entrando en el orden superior de la existencia en el universo.

El principio espiritual funciona infaliblemente, pero tienes que serle siempre fiel. No coloques tu fe en los caminos del ego; coloca toda tu fe en las Leyes Espirituales y ten la certeza de que no te estás aliando con lo que cambia y se modifica, sino con lo eterno. La fe elimina todas las limitaciones y obstáculos. No hay problema que la fe y el compromiso constante no puedan resolver. Este principio de fe puede, verdaderamente, mover montañas y bendecir tu vida con un bien inimaginable.

Habrá ocasiones en las que te sientas tentado a abandonar, a regresar a tu antigua forma de vivir, de juzgar y de alienarte. En estas ocasiones es cuando la necesidad de fe es mayor. Llama al Espíritu Santo, que acude al ser invitado, y pídele que la parte más diminuta de tu fe, que ahora le entregas, sea magnificada hasta que sea suficientemente poderosa para ayudarte a salir de tu dificultad.

Esto es lo que quiere decir una fe como «una semilla de mostaza». Si entregas la cantidad más pequeña, el universo la multiplicará hasta convertirla en toda la porción necesaria. No te des por vencido. Recuerda las palabras de Richard Bach en Ilusiones: «Nunca se te da un deseo sin que se te dé también la oportunidad de hacerlo realidad. Sin embargo, quizá tengas que trabajar para conseguirlo». Y quizás tengas que trabajar durante un largo período.

Recuerdo que un conocido me dijo que no sabía si debía regresar a la universidad y completar sus estudios a la edad de cuarenta y tres años. Si lo hacía, se graduaría con casi cincuenta años. Le pregunté: «¿Qué edad tendrás dentro de siete años si no regresas a la universidad?».

Si en tu corazón albergas el sueño de una relación sagrada con un hombre, y si en tu corazón tienes el conocimiento de que el amor puede ser profundo y fácil, libre de conflictos y de luchas, vas por buen camino. Que vayas por buen camino no quiere decir que hayas llegado a la estación, pero significa que has iniciado el viaje. De modo que, si te entregas al 100 por 100 a tu viaje, puedes disfrutar de él, sabiendo que tarde o temprano llegarás a tu destino.

En los últimos años de su vida, Winston Churchill regresó al internado de su juventud para hablar en una asamblea de muchachos. El Sr. Churchill estaba bastante débil en esta etapa de su vida. Se sentó en silencio en el estrado, esperando su turno para hablar. Cuando fue presentado, el primer ministro, el respetado líder mundial que había emergido de estas raíces, se abrió paso lentamente hasta el podio. Adquiriendo una postura firme mientras se apoyaba en su bastón, levantó la mirada hacia un mar de resplandecientes rostros jóvenes, llenos de esperanza y de la promesa de oportunidades ilimitadas. Miró a esos chicos brillantes con ojos expectantes, emocionados, y dijo simplemente: «Nunca os deis por vencidos, nunca, nunca, nunca, nunca, nunca os deis por vencidos». Y, lentamente, dio media vuelta y se abrió paso metódicamente hasta su silla.

Nunca os deis por vencidos. Una gran lección. El principio siempre funcionará. Es la ley. Es la ley universal. Funcionará. Si no ha funcionado y estás impaciente, debes darte cuenta de que existe una razón. El momento no es el adecuado, y algo más debe ser colocado en su sitio. Es aquí donde tu fe es necesaria, pero nunca te des por vencido, nunca, nunca, nunca. El principio siempre funciona.

5
Mira con los ojos del amor

La Ley de Oro dice: «Trata a los demás como te gustaría que te traten». Unas sencillas y claras palabras; uno creería que es fácil comprender y vivir de acuerdo con este mensaje. Tristemente, este no suele ser el caso. Mucha gente pasa por la vida con un marcador. Lleva la cuenta de quién hizo qué, cuándo, con qué frecuencia, cuánto le costó, cuán apropiado fue y a quién. Llevar la cuenta de cada acto y cada gesto en un intento de asegurarnos de que la vida siempre es justa sencillamente no funciona. Si has de contar, cuenta las cualidades de tu pareja, o pareja potencial, no sus defectos.

Para ver lo bonito debemos estar animados. Esto exigirá cierta práctica en una sociedad que nos programa con incesantes reportajes de sucesos negativos. Los periódicos y los noticieros nocturnos informan mayormente de desastres y hechos ruines. Lo que rara vez oímos son historias acerca de las incontables personas a las que no roban, violan o acribillan a balazos.

He notado que los programas de noticias están intentando alegrar a la gente. Ahora muestran los habituales veintiséis minutos de horror, seguidos de un relleno de treinta segundos de buenas noticias. Treinta segundos de algo positivo difícilmente bastan para cambiar las cosas. Recientemente, en una fría mañana de octubre, oficié en una boda en el Estadio de Cleveland. Los novios eran fervientes hinchas de los Browns, y su boda fue noticia en la filial local de la NBC. Este breve segmento optimista estaba supuesto salir al aire al mediodía, a las seis y a las once. Sin embargo, parece ser que había demasiados reportajes que cubrir sobre las tragedias del día, de manera que, antes del noticiero de las once, el final positivo de treinta segundos ya había sido eliminado.

Soy de Cleveland, una ciudad que tiene mucho más que ofrecer de lo que los cómicos pretenden hacernos creer. Ahora bien, nuestros reportajes sobre la delincuencia, las drogas y el terror probablemente son equiparables a los de cualquier mercado importante. Recientemente, un presentador de la televisión local que es de nuestra iglesia preguntó a un grupo de miembros de la misma: «¿Cuántos asesinatos creéis que hubo en la ciudad de Cleveland el año pasado?». Uno dijo cien, otro veinte. La respuesta fue uno, relacionado con las drogas... ¡*uno*! Las noticias son presentadas de una forma tan aterradora que muchos habitantes de los barrios exteriores sienten terror ante unos delincuentes que no existen y no se atreven a aventurarse dentro de la ciudad.

Somos bombardeados con noticias negativas. Estamos constantemente viendo y oyendo hablar del lado más sórdido de la naturaleza humana. La concentración suele estar en la sangre y las vísceras, en lo que hace subir la audiencia. Esta masa de negatividad contamina nuestra consciencia colectiva, nublando nuestra capacidad de percibir con exactitud lo que está sucediendo realmente. ¿No es curioso que llamemos «noticias» a este contar y volver a contar todos los sucesos negativos del día? Creo que sería más exacto llamarlo «vejeces», ya que siempre es lo mismo.

Si llenas tu cabeza de noticias y la dosis habitual de los programas televisivos de quién le ha hecho qué atrocidad a quién, si miras las historias de relaciones «especiales» que se despliegan en las teleseries, entonces la tarea de buscar y encontrar lo bonito te parecerá una tarea imposible.

En el *Dhammapada*, unos escritos del siglo V a C., leemos: «Todo lo que somos es el resultado de lo que hemos pensado». Si durante todo el día no has estado oyendo más que basura, al final del día en tu cabeza no habrá más que basura. Debemos cerrar la entrada de ego contra ego en una forma u otra y empezar a limpiar nuestras consciencias. Es imposible ver sólo lo bonito cuando lo que hemos recibido ha sido únicamente lo desagradable. Esto no quiere decir que uno deba convertirse en una ostra y enterrar la cabeza en la arena, pero significa que uno debe colocar la negatividad de las noticias del mundo en la perspectiva adecuada.

Buscar lo encantador significa atravesar con la mirada las apariencias externas y penetrar en el centro interior de las personas implicadas y encontrar la belleza que hay ahí. Es necesario mirar más allá de lo que alguien a elegido hacer con las circunstancias y condiciones para ver lo que hay dentro. Si miras suficientemente dentro y durante el tiempo suficiente, encontrarás belleza.

La gente se ha reído ante esta idea y ha dicho: «No conoces a mi ex-marido (o ex-mujer)». Yo he respondido: «No, pero conozco a Dios». Si crees ser como una de estas personas, lo que me gustaría que hicieras es que pensaras en tu anterior marido, o esposa, o amante o cualquier otra persona de la que tengas quejas. Ahora mira a esa persona, pero no como es actualmente o como era cuando estabais juntos. En lugar de eso, remóntate a cuando la persona era adolescente, a cuando tenía diez años, siete años, cinco años, un año, cuando era un bebé diminuto. Ahora mira a ese hombre o esa mujer como un bebé recién nacido. Imagina que es inocente, tierno y puro, que contempla la vida con ojos de asombro.

Ahora, manteniendo esa imagen, haz lo mismo contigo. Haz retroceder el pensamiento de ti mismo a través tus años de adolescencia, de pre-adolescencia, hasta cuando tenías siete, cinco, dos años, hasta cuando eras un bebé inocente. Observa al hermoso niño o niña que fuiste una vez. Ama a ese precioso y pequeño ser. Observa su perfección. Han sucedido muchas cosas desde que fuiste ese niño, o niña, perfecto. Lo mismo es cierto en el caso de tu anterior marido o esposa, o actual persona significativa. Es cierto para cada uno de nosotros.

En una época, todo lo que conocíamos de nosotros mismos y del mundo era lo inocente. Luego ocurrieron muchísimas cosas en nuestras vidas que oscurecieron esa inocente belleza. Hace poco conocí a una mujer que describió su inocencia natal diciendo que todos nacemos con un alma pura y blanca. Luego, cada vez que experimentamos dolor, cada vez que sentimos que no somos queridos o que no somos dignos de ser queridos, es como si una mancha oscura hubiese rozado la blancura. El alma continúa siendo afectada por cada acto de separación hasta que muchos pierden de vista esa pureza interior innata. El mero hecho de que todas estas «cosas» te hayan sucedido no significa que sean verdad. No es nuestra realidad, a menos que decidamos verlo de ese modo.

La consciencia inocente que todos tuvimos en algún momento es nuestra verdad espiritual. Aunque ha sido oscurecida por capas y capas de defensas, dolor y fealdad, la pureza continúa estando en el centro y todavía emite su luz. Nuestro yo inocente es el que puede percibir verdaderamente. Cuando partimos de esa pureza que hay en nuestro interior, podemos ver lo que fue creado originalmente y no sólo el desastre que hemos hecho de ello. No sigas siendo prisionero de la falsa imagen. Puedes aprender a ver a través de ella, y ver al niño, o niña, divino, puro, inocente, que aguarda pacientemente tu reconocimiento.

Cuando me preparaba para ser pastora, una de nuestras ta-reas semanales consistía en pasar medio día a la semana en un hospital cercano del condado. Yo tenía que dedicar ese tiempo a visitar a los pacientes, a rezar con ellos y, simplemente, a quererlos. La mayoría de los pacientes estaban bajo la protección del estado, no tenían familia ni recursos. Era un lugar un poco lúgubre. Además de estar enfermos, los pacientes estaban deprimidos y solos, y había un aura de desesperanza en torno a ellos. Para mí, al principio, fue una experiencia bastante sombría. Era algo que tenía que hacer como un trabajo de la clase, y no sabía cómo hacerlo. En la primera serie de encuentros que tuve ahí, me sentía un terrible fracaso. Mi barbilla empezaba a temblar, me entraban nauseas y me empezaba a llorar nada más entrar ahí. Estupendo, pensaba, ¿cómo puedo convertirme en pastora y atender a los enfermos cuando todo lo que consigo hacer es colocarme ante ellos y lloriquear? Era terrible. Yo era un desastre, tenía que hacerlo y no era capaz de hacerlo.

Cuando le conté mi conflicto a una amiga, ella se sentó, escuchó con atención, luego se quedó pensando un momento y dijo: «No te concentres en su estado ni en sus palabras divagadoras. Simplemente, míralos a los ojos. Mira dentro de sus almas a través de sus ojos. Mira lo divino que hay en sus ojos. Observa cómo su yo divino te devuelve la mirada. Mira al niño inocente, puro y feliz que hay ellos y bendícelos como a Dios le gustaría que lo hicieras». Este fue un punto decisivo en mi capacidad de atender a todas aquellas personas y a todas las personas que vendrían a continuación.

Todos podemos aprender a mirar dentro, atravesando las apariencias externas y entrando en la divinidad interior, en el niño inocente. Cuando miras a aquellas personas a las que afirmas querer, no mires lo que ellos han elegido convertirse en estos momentos, sino lo que fue creado originalmente.

Dirígete al espejo, desnúdate completamente y mira a través de tu cuerpo, hasta llegar a tu esencia. Mírate a los ojos hasta que tengas a ese bebé recién nacido lleno de pureza, asombro e infinitas posibilidades para el bien. La atracción de la culpa se ha vuelto muy poderosa en este mundo: primero nos condenamos a nosotros mismos y luego a todos los que hay en nuestro camino. Despréndete de tus errores. Deja que tu amante o marido o esposa se desprenda de los suyos. Libera a esa persona de la culpa y permite que se revele ante ti como la persona totalmente digna de ser amada que es.

En cada momento, elegimos mirar los defectos o mirar lo bonito. Concéntrate suavemente en tu amigo o amiga y encontrarás muchas cosas que puedes amar. Aquello en lo cual nos concentramos se expande. Si te concentras en lo que percibes que falta, eso que aparentemente falta crecerá y crecerá, convirtiéndose en lo único que serás capaz de ver. Llegará el día en que no podrás ver otra cosa, porque no querrás otra cosa. Cualquier cosa que veas es un reflejo de tu propia consciencia. Lo que vemos no es necesariamente real, pero es lo que deseamos. ¿Deseas ver la inocencia de tu amante o quieres ver su culpa? Tu decisión sí determina lo que ves, y cualquier cosa que decidas ver en tu amigo o amiga es exactamente lo que has decidido que ha de ser el veredicto también para ti. Si lo ves como culpable, te ves a ti misma como culpable. Si la ves como inocente, te ves a ti mismo como inocente. Cualquier cosa que veas es un juicio de lo que ves en tu interior. *Un Curso de Milagros* no enseña que no podemos juzgar, sino que somos incapaces de juzgar; estamos demasiado llenos de nuestros problemas.

Nuestro espíritu interior nos muestra el mundo real tal como estaba destinado a ser. Podemos elegir intercambiarlo gustosos, renunciando al mundo duro y cruel que hemos creado. Esta idea está resumida en las siguientes palabras de *Un Curso de Milagros*: «Al contemplar este nuevo mundo, recordarás que siempre fue así». Elige ver la dulzura de la vida. Cuando estás abierto a verla puedes encontrarla en toda situación.

No sigas contentándote con la pequeñez. Debes estar dispuesto a verte a ti mismo y a todos los demás como fueron creados originalmente: sagrados, inocentes, puros, encantadores y dignos de ser queridos. Concéntrate en lo hermoso, y se expandirá.

¡Qué mundo tendremos cuando veamos sólo la pureza que hay en cada uno de nosotros! Estará iluminado por los milagros.

Amor: una nueva definición

El tipo de amor del que hablo no es el amor que se percibe normalmente. No es sentimentalismo; no es intentar encontrar a alguien que llene tu vacío o tus necesidades. El tipo de amor del que hablo no es el que normalmente se considera realista en la psicología popular. No trata de dar-y-recibir, ni de sacrificio, ni de compromiso.

El tipo de amor que estamos explorando es divino. Es de Dios, está custodiado por el cielo, y baña tu espíritu y tu alma de luz, de paz y de alegría.

Este tipo de amor te permite relajarte y dejar de mirar por encima del hombro. Es entrar en una unión sagrada con lo divino y luego suscitar esta cualidad sagrada para bendecir tu vida, tus relaciones y a todas las personas con las que te encuentres.

Hay unas pocas cosas que realmente sé en la vida, y una de ellas es que estamos aquí para amarnos los unos a los otros. Todos los grandes maestros espirituales han enseñado: «Amaos los unos a los otros». ¿Simple?, Sí. ¿Fácil? No, hasta que entramos verdaderamente en la maravilla de la vida.

Nuestro mundo se ahoga fácilmente con el sin sentido y lo insignificante. Nuestro modo de pensar se ha invertido de tal manera, que es como si nos hubiesen empujado hacia un agujero negro de locura, de codicia y de odio. Mientras tanto, el espíritu interior nos está llamando a despertar y ser felices. Nuestra meta es encontrar placer en las maravillas de la vida cotidiana y ver los milagros que están en todas partes.

Una mañana, estando en un retiro en Molokai, me levanté antes del amanecer para meditar, como hago cada mañana. Me encontraba en medio de una profunda experiencia meditativa, cuando sentí el impulso interior de abrir los ojos. Ahí, delante de mí, se encontraba la maravilla más impresionante del amanecer: una vista del mar, el cielo y las islas distantes que nunca había creído posible. El mundo entero, hasta donde llegaban mis ojos, estaba inundado de infinitos tonos lavanda: un mar lavanda, un cielo lavanda, montañas lavanda, nubes lavanda, todo esto enmarcando a Maui y Lanai. Me llenó de un asombro reverencial y sentí que la presencia del amor nos bañaba a todos... no sólo a mí, sino también a ti, a todos nosotros. En ese momento místico me sentí abrazada por los milagros de la vida y pude ver la maravilla de todo ello. Fue un momento, un instante sagrado, en el cual comprendí verdaderamente qué afortunada soy, y cuán bendecidos estamos todos nosotros cuando simplemente abrimos los ojos para ver, y nuestros corazones para sentir. En un momento así sabemos cuán amados somos.

Mientras nos encontramos atascados en la mente-ego, intentamos ignorar, negar y desatender esta parte de nosotros mismos que es sagrada, que sabe. Esta parte puede proporcionarnos una realización y una satisfacción auténticas y eternas. Todo lo que necesitamos es un instante sagrado de percepción de la maravilla de todo lo que existe, y podemos llegar a conocer el amor tal como fue creado. Ya nunca volveremos a estar unidos a la imagen enfermiza que hemos creado de él. Pocas veces vivimos nuestras vidas como si supiéramos que esto es así, en nuestro caso o en el de cualquier otra persona. ¿Cuántos de nosotros hemos intentado continuar haciendo cosas, consiguiendo cosas, adquiriendo cosas y, sin embargo, hemos continuado sintiéndonos insatisfechos, vacíos por dentro?

Ken era un tipo guapo, con canas incipientes en las patillas. Acababa de cumplir cuarenta años y nunca había tenido una relación que lo llenase. Su patrón era que salía con una mujer tras otra y luego las rechazaba. Desesperado, vino a verme. De repente, se sentía menos viril, cansado, vacío, roto y viejo.

Acababa de comprarse una casa antigua que necesitaba una remodelación importante, pero ya no tenía el deseo ni la entrega para terminarla. De modo que, ¿qué fue lo que hizo? Salió a la calle y se compró un nuevo BMW convertible y un nuevo vestuario. Esto reforzó su sentido de virilidad durante aproximadamente diez días, y luego volvió a sentirse vacío. Prácticamente cada fin de semana estaba con una mujer diferente. Ninguna de las relaciones duraba. Su vida se había convertido en una continua adquisición insatisfactoria de cosas y relaciones.

Finalmente, Ken se cansó de su estilo de vida superficial, absolutamente orientado hacia el exterior. Incluso sus amigos más próximos se habían cansado de su drama recurrente. La situación se volvió intolerable. Uno de sus amigos «amenazó» a Ken con no volver a aceptar otra de sus llamadas hasta que viniese a verme y analizase su vida y su infructuosa búsqueda de amor.

En realidad, Ken no era distinto de muchas otras personas de mi generación. Buscaba aceptación y amor en los lugares y en las cosas donde jamás lo encontraría. Las posesiones materiales pueden ser placenteras y divertidas, pero, como decían los Beatles cuando yo era adolescente, no pueden «comprarme amor».

Ken tomó la decisión de dejar de salir con mujeres. A través de la terapia comprendió que, bajo la superficie, estaba viviendo como un niño de cuatro años, asustado y abandonado. Este pequeño Ken había experimentado la muerte de su madre a esa tierna edad. Profundamente afectado, el padre de Ken cayó en una depresión profunda y tuvo que ser ingresado en una clínica durante un tiempo.

Ken recordó que, en aquella época, había tomado una decisión que durante décadas fue la creencia central de su vida. Decidió que nunca se apoyaría ni confiaría en un adulto. La única persona que estaría siempre ahí para ayudarlo era él mismo. Hay que comprender que era un niño de cuatro años el que pensaba así. En consecuencia, simplemente no podía confiar en ningún adulto, ya fuera hombre o mujer.

A la edad de cuatro años Ken tuvo que tomar una decisión así para su propia supervivencia emocional. A los cuarenta, aquella decisión y sus efectos negativos no le servían para nada.

Aprender a mirar en su interior e iniciar su proceso de sanación era aterrador para Ken. Pero su compromiso de cambiar su vida era lo bastante fuerte como para impulsarlo a realizar el trabajo interior que debía hacer. Con su trabajo aprendió a amar y a cuidar de su niño de cuatro años abandonado, a reclamar a este niño y permitirle ser un niño pequeño, ser atendido, cuidado y amado.

Luego, como dijo Ken: «Empecé a crecer por primera vez». La vida de Ken y su estilo de vida se han centrado. Se siente cómodo consigo mismo, ya no consume y sale corriendo, y está satisfecho con su vida. Por ahora sigue estando soltero (un soltero tranquilo y feliz) y por primera vez en su vida está preparado para una relación satisfactoria.

El dinero puede comprar muchas cosas, e incluso podemos obtener placer de estas cosas, pero el dinero nunca podría, y nunca podrá, comprar el amor verdadero. Nada en el exterior puede proporcionarnos una sensación duradera de valía. Podemos pasarnos la vida buscando satisfacción, logros o valía en el mundo exterior, y, mientras tanto, el mayor de los tesoros habrá estado encerrado dentro de nuestro corazón.

Esta presencia en tu interior siempre te está llamando, te está haciendo señas para que regreses a tu verdadero yo, para que persigas objetivos que sean dignos de una persona tan noble.

Si hay un viejo temor que te dice: «Tendrás que pasar sin ello», entrégaselo inmediatamente al Amor que hay en tu interior. Esto no significa que tengas que prescindir de lo que deseas, significa que tendrás que habituarte a prescindir de esa vieja creencia negativa, y que dejarás que entre un bien mucho mayor a tus pensamientos y a tu vida. El amor es una Presencia y un Poder espiritual. Es una energía que cualquiera puede sentir. Incluso nuestros animales domésticos pueden sentir quién los quiere y quién desea hacerles daño.

Durante más de dieciséis años cuidé de Shannon, una Yorkshire terrier de seis libras que era la manifestación del amor incondicional y la aceptación total. Era, como solía decir Jean Houston acerca de estos animales tan entrañables, un «animalito bodhisattva». En el budismo, una bodhisattva es una manifestación del Buda que es puro amor, compasión y aceptación.

Quizás una vez en la vida, con mucha suerte, un animalito bodhisattva llegará para vivir contigo. Estos animales parecen ser más sabios que la mayoría de la gente que uno conoce. Son aquellos que no se limitan a mirarte, sino que parecen mirar dentro de tu alma. Con este tipo de animal doméstico, la comunicación sin palabras es la norma.

Este tipo de animal simplemente ama, no tiene ningún problema con el compromiso, es leal y parece saber intuitivamente cuándo estás sufriendo. Durante todos los años que tuve a Shannon, fue una manifestación total de amor incondicional. Su misión en la vida era amar. Yo decía en broma que era mi «sustituto de niña». Como nunca pude tener hijos, ella fue como una niña preciosa, adorable y amorosa para mí.

Poseía un radar que era infaliblemente preciso. Shannon quería a casi todo el mundo. Sin embargo, en una ocasión, tuve unos vecinos en el condominio de al lado que, según supe después, eran sospechosos de ser narcotraficantes. Si nos encontrábamos en el exterior o en el recibidor cuando llegaba su «compañía», Shannon se escondía de estos vecinos y de todos sus «invitados». Aprendí a desconfiar de la gente cuando ella lo hacía.

Quizá suene extraño, pero tener un animal doméstico tan valioso durante dieciséis años me enseñó muchísimo acerca del amor incondicional. Su amor era tan enorme, que podía llenar una habitación, y con frecuencia lo hacía. Llenaba mi corazón cuando estaba conmigo, e incluso ahora, pienso en ella, ocho años después de su muerte. Como suelo decir en las ceremonias de boda, el amor nunca muere, el amor nunca se acaba. Es una energía que llena el corazón por completo. Su calor derrite las paredes de hielo o derriba los muros de cemento que hemos erigido debido al sufrimiento, al dolor o al miedo. El amor es un bálsamo sanador. Es un campo cálido, suave, amable, liso y tranquilo del ser.

Busca las barreras

Nuestra tarea no consiste en buscar amor, sino en encontrar todas las barreras que hemos levantado contra él. Como estamos heridos, como no hemos sanado el dolor del pasado y del presente, hemos encerrado nuestra verdadera esencia en una prisión creada por nosotros mismos. Cada bloqueo en nuestro campamento está hecho de miedo, de una sensación de abandono o separación. Nuestras mentes todopoderosas han construido esta enorme prisión, han encerrado en ella a nuestra vulnerabilidad, nuestra inocencia y nuestro amor, y han lanzado fuera la llave.

Noel no hacía más que buscar fuera de sí misma y de su relación con Tony aquello que le faltaba. A pesar de llevar años buscando en nuevas relaciones, en una nueva carrera, incluso en una nueva identidad (escogió un nombre «nuevo»), no encontró aquello que buscaba hasta que dejó de buscar fuera de sí misma y empezó a mirar en su interior. Ahí encontró lo que ella creía que faltaba en su matrimonio con Tony. Empezó a descubrir a Noel, a reconocerse a sí misma y a amarse a sí misma. Dice Noel: «Durante veinte años mi energía fue hacia el exterior, intentando cambiar a Tony, sin aceptarlo. Estaba exhausta, sin energía. Después de tanto trabajo en mí misma, finalmente sané y sentí una explosión de compasión, de ternura y de cariño. Fue como si, de repente, todo aquello que había sido un problema dejó de serlo». Entonces pudo, por primera vez en su matrimonio de veinte años, mirar a Tony y ver el alma hermosa, fiel, generosa y amorosa que este hombre es, y siempre ha sido.

Mientras Noel buscaba magia y un alma gemela, Tony le proporcionó de buena gana el espacio que ella necesitaba para «encontrarse a sí misma». Él la amaba a distancia, al tiempo que educaba, él solo, a sus dos hijas y se encargaba de que todo funcionase en casa.

Después de casi tres años de luchar y buscar, Noel encontró a su alma gemela. Estaba en casa, cuidando de las niñas. A veces, aquello que buscamos está justo delante de nosotros. Está en la mesa de la cocina, o junto a nosotros en la cama, pero estamos tan llenos de nuestros propios problemas no sanados, que no somos capaces de ver el tesoro que tenemos en nuestro propio patio trasero.

Tu alma gemela podría estar en la habitación de al lado, pero si has estado proyectando tus asuntos no sanados en él, es realmente difícil que veas su luz. Quizás no seas capaz de reconocer quién es realmente y de apreciar su valor.

Con mucha frecuencia creemos erróneamente que nuestra valía la determinan nuestros logros, lo que hacemos o lo que poseemos. Ken y Noel y muchas otras personas han caído en esta trampa. La verdad es que, nada de lo que hagamos o logremos establece nuestra valía. Nuestra valía la establece Dios. Noel estaba buscando su sentido de valía fuera de sí misma. Durante mucho tiempo buscó realización en lugares vacíos, sin encontrar jamás la felicidad que buscaba hasta que despertó y empezó a valorarse a sí misma y aquello que siempre había tenido.

A una amiga mía, que también se llama Joan, le regalé un cartel impreso que decía: «Si deseas ser uno de los elegidos, elígete a ti misma». Hasta que no tomamos esa decisión, no somos buenos para nosotros mismos y, finalmente, para nadie más.

Cuando Noel finalmente fue capaz de hacer esa elección, su vida empezó a cambiar. Entonces pudo ver el tesoro que había estado esperándola en su propio jardín trasero.

El sueño

El año 1984 fue un año muy difícil y doloroso para mí. Entonces todo era una lucha; nada llegaba con facilidad. Yo acababa de pasar por un segundo divorcio doloroso y desdichado. Me sentía frágil, vieja, no deseada e insegura. Y, como si la vida no fuese ya suficientemente intensa, renuncié a mi puesto como pastora de mi primera iglesia y me encontraba a punto de empezar en una iglesia totalmente nueva, con un puñado de personas. Estaba traumatizada por mi experiencia y muerta de miedo. Empecé a tener ataques de ansiedad.

Todo mi mundo parecía venirse abajo, y así era. En aquella época, creía que debía ser fuerte y poderosa simplemente para poder sobrevivir. No podía dejar que nadie supiese cuán aterrada estaba, cuán frágil se había vuelto mi fachada.

Entonces, una noche, justo antes de partir hacia un retiro de fin de semana en California, tuve este sueño:

Me encontraba dentro de una enorme mansión victoriana, magníficamente restaurada. Me hallaba sola en la casa, caminando de habitación en habitación, admirando los artesanados y los muebles, cuando entré en un vestíbulo con una gran ventana exterior. Me detuve para mirar a través de esta ventana y, desde este punto panorámico, pude ver la puerta delantera de la casa. A cada lado de la puerta había grandes ventanas.

Me encontré mirando por esta ventana del vestíbulo hacia la puerta principal, donde pude ver el interior de la casa a través de los paneles laterales de cristal. Lo que vi fue una mujer joven, hermosa, delicada y femenina, con una mirada de asombro, que descendía lentamente por unas escaleras de madera finamente tallada. Había llegado hasta el descanso superior. En el sueño, entré en un estado de pánico absoluto. Empecé a gritar: «¡No! ¡No!» y atravesé la casa corriendo, aterrada, hacia las escaleras. Al llegar al pie de la escalera y mirar hacia arriba, vi ante mí a esta serena y silenciosa mujer de radiante belleza. Ella me miró con unos ojos maravillados y con un amor y una compasión absolutos. Y yo grité aterrada: «¿Quién te dijo que podías salir? ¡Debes regresar! No puedes salir nunca. Es peligroso para ti. ¡Regresa, regresa antes de que sea demasiado tarde!».

Era demasiado tarde. El gato proverbial había salido de la bolsa. Es hermoso espíritu estaba fuera de su prisión del ático.

Cuando partí hacia California a la mañana siguiente, la imagen de la mujer del sueño me perseguía. Busqué una estatuita que se pareciera a ella, con un cabello suave, castaño, cayendo hasta sus hombros, y un vestido vaporoso verde y blanco. Ella era tan inocente, tan vulnerable, tan pura y tan divina. Me aterraba y fascinaba al mismo tiempo. Sabía que era una imagen arquetípica de mí, y sólo deseaba ignorarla. Pero no se iba. Mi pánico duró justo lo suficiente como para que le pidiera a mi espíritu interior que me revelara cuál era su mensaje y por qué había salido sola.

Ella era yo. Yo era ella. Ella era esa parte de mí que era amor puro, que yo había mantenido encerrada, enclaustrada detrás de años de conflictos irresueltos, de antiguos agravios, dolores, rabia, culpa y miedo. Al principio lentamente, empecé a retirar estas capas defensivas. Era como pelar las capas de una cebolla y, al igual que la cebolla, me hizo derramar muchas lágrimas. Luego vino la liberación, y el darme cuenta de que ella siempre había estado conmigo, durante mis primeros matrimonios, durante mis luchas. Era verdaderamente el momento de dejarla salir. Era el momento de dejar salir el amor que había protegido con tanto cuidado y que había encerrado dentro de mi alma. El espíritu hermoso había sido liberado del ático.

Durante ese año, y en todos los años que vinieron a continuación, he enseñado, aprendido y practicado cómo retirar los bloqueos del amor y a liberar lo que Robert Browning llamó el «esplendor encarcelado». Antes de este despertar, yo, como la mayoría de nosotros, tenía una fantasía, una ilusión de lo que era el amor o de lo que estaba supuesto ser, y siempre me desilusionaba. La ilusión del amor no puede ser satisfecha jamás, pero sólo fui capaz de descubrir esta realidad cuando empecé a despertar a la presencia del amor. Hasta entonces, fue como si estuviera dormida ante los dones del amor. Cuando dormimos, el amor que hay en nuestro interior permanece despierto y vigilante en su deseo de despertarnos suavemente. Tan pronto como realizamos la más mínima petición, el amor entra en nuestra mente y empieza a sanarnos. La sanación que el amor produce siempre es suave. El amor no conquista todas las cosas, pero las transforma suavemente.

Nuestros egos están tan locos que siempre están pensando en términos de conquista, pero el amor no batalla, no conquista. La batalla es el único dominio del ego. El amor es como un agua blanda que cura suavemente nuestras heridas.

6

Examina tus patrones

Al transitar por mi propio camino espiritual, en realidad no comencé a despertar hasta que dejé a mi segundo marido. Llegado ese punto, mi dolor fue tan intenso, que supe que debía llegar hasta el núcleo, o no valdría la pena seguir viviendo. Estaba dispuesta a hacer cualquier cosa, ir a cualquier sitio, siempre y cuando me sintiera guiada hacia ese camino.

- Hice una excursión a la India con dos compañeros.

- Pasé por el proceso de «rebirthing» varias veces.

- Vi a varios terapeutas.

- Escribí listas de perdón durante treinta minutos al día durante años.

- Solicité al Espíritu Santo que cambiara mi percepción y sanara mi dolor.

- Solté, solté y solté.

- Mantuve un diario.

- Asistí a la Escuela de Misterio de la Dra. Jean Houston en el estado de Nueva York durante dos años.

- Estudié durante años, realizando una lección diaria que estuviera centrada en las relaciones sagradas.

- Practiqué el Master Mind con compañeros de oración.

- Recé y medité a diario.

- Participé en numerosos talleres y retiros de auto-crecimiento y sanación.

- Observé mis patrones y campos de energía negativos, autoderrotistas, que quizás habían estado ahí durante toda una vida, y pedí ser cambiada en mis profundidades.

- Afirmé y afirmé y afirmé, visualizándome a mí misma feliz, sana, rica, sanada y libre.

Estaba entregada y sabía lo que quería. Quería ser sanada del pasado, del distante y del reciente. Quería vivir una relación de entrega con mi alma gemela en una relación sagrada. Y sabía que Dios siempre dice sí cuando somos claros en cuanto a lo que deseamos.

Estaba preparada. La vida me había templado. Pedí un futuro distinto al pasado. Dejé de salir con hombres y empecé a trabajar en mí misma como alguien conducido por las pasiones de la vida. Mi más ferviente deseo era ser sanada de esta insensatez y estar preparada para mi alma gemela. Sabía que él estaba, como dice la canción, «en algún lugar ahí fuera»...y yo me estaba preparando.

Lo que llegué a comprender fue que las leyes o principios espirituales están a nuestra disposición como una guía y un código para vivir nuestras vidas. Cuando despertamos a estos principios y los seguimos, todos los aspectos de nuestras vidas entran en una armonía y en un orden. Cuando no vivimos de acuerdo con estos principios espirituales, causamos estragos en nuestras vidas, que se vuelven inimaginablemente desastrosas. Recuerda que el principio espiritual siempre funciona cuando lo practicas. La Ley Espiritual no es tema de discusión; no es algo que a veces funcione y otras veces esté de vacaciones. Siempre, infaliblemente, funciona.

Otro ejemplo de un principio espiritual es: El amor es nuestra realidad. No tenemos que crear amor. Sólo tenemos que descubrir y retirar los bloques o cantos rodados que eclipsan la luz del amor.

Mi motivación era de lo más elevada. Yo sabía que era necesario reconocer mis problemas y sanarlos. Yo no era el problema, pero mis viejas heridas, los traumas, el dolor, mis miedos, errores y juicios eran el problema. Había llegado a darme cuenta de que el ego no te dice directamente que algo va mal. Declara que tú estás mal.

Si has analizado tu vida en alguna medida, probablemente ya seas consciente de algunas áreas que necesitan corrección. Ahora, no me refiero a decir: «Sólo necesito deshacerme de todos esos sinvergüenzas que hay a mi alrededor y mi vida será perfecta». Si percibes que tu vida está llena de sinvergüenzas, entonces necesitas darte cuenta de que están residiendo en tu vida porque tú (probablemente de un modo inconsciente) lo has pedido, para ayudarte a despertar.

El cuándo de este despertar está absolutamente en tus manos. Puedes hacerlo ahora, o eres libre de añadir unos cuantos año más de existencia bajo el dominio del ego. No despertamos hasta que estamos preparados.

Una mañana de domingo en Molokai, Hawai, asistí a un servicio encantador en una sencilla capilla al otro lado de una enorme extensión de mar de turquesas y safiros. Era el Día de San Valentín, y el pastor había decidido que, en lugar de pronunciar un sermón, honraría a los miembros (mujeres) wahine más ancianas, permitiéndoles compartir los mensajes de amor y de fe que había en sus corazones. Fue maravilloso ver cómo cada una de las personas que hablaron superaban su timidez y comunicaban el mensaje de su corazón.

Una querida mujer, la Tía Louise, que quizás tuviera unos ochenta años, dijo que ella no despertó hasta tres años y medio atrás. Algunas personas de la congregación dejaron escapar una risita, pero yo comprendí perfectamente lo que esta maravillosa abuela hawaiana quería decir. Puedes despertar ahora, o cuando tengas ochenta y cinco años, o en el momento de tu muerte. Quizás ya estés en el proceso.

Una vez que establecemos el curso, no puede haber vuelta atrás. Podemos experimentar retrasos y reveses, pero una vez que hemos puesto los pies en el camino de la sanación, jamás podremos volver a ser lo que éramos o quienes éramos.

El iceberg

Todos nosotros, en algún nivel, somos conscientes de que tenemos problemas y recuerdos que necesitan sanar. Pero la consciencia de que existe un problema es como la punta de un iceberg que habita en la superficie de nuestras mentes, mientras que debajo de la superficie hay una veta madre de lo que no somos conscientes. Es una veta madre de heridas, arrepentimiento, rabia, resentimiento y miedos del pasado que no han sanado, que no han sido procesados, que están profundamente enterrados. Por desgracia, nadie parece estar libre de la necesidad de realizar este trabajo de sanación.

Aproximadamente una décima parte de la masa de un iceberg puede verse por encima de la superficie, mientras que las otras nueve décimas partes permanecen debajo de la superficie. Esta es una imagen apta para nuestras vidas, porque una décima parte de lo que sabemos que tenemos que trabajar está ahí fuera para que la veamos. Necesitamos despejar esto que hay en la superficie, pero la noticia chocante es que se trata únicamente de una décima parte; las nueve décimas partes restantes han sido cuidadosamente escondidas por tu ego. Están disfrazadas y negadas, pero no se han ido por sí solas, y no pueden irse sin un trabajo intensivo. Es por esta razón que, cuando realmente te pones a hacerlo, puedes descubrir pedacitos y trozos de energía negativa alrededor de tu alma. Pueden haber sido enterrados ahí hace muchos años, pero sólo porque sean viejos no significa que hayan dejado de hacer estragos en tu vida.

Necesitamos reconocer el problema para que pueda ser sanado. No se trata de vivir fuera de la energía de esa vieja herida o dolor o experiencia. Se trata de reconocerla por lo que es: un campo de energía negativa que encaja perfectamente en un patrón de vida ¡que ya no deseas!

Una mujer joven con la que trabajé hace años estaba totalmente entregada a su propia sanación. Audrey había asistido a una terapia durante cuatro años, y esto le había ayudado, pero continuaba sintiéndose expuesta e inmadura. Mientras hablábamos, recordó que sus padres se habían divorciado cuando ella tenía cuatro años; dijo que el último recuerdo que tenía de su padre eran unos momentos muy traumáticos en los que él se alejó en su automóvil, llevándose todas sus pertenencias terrenales. Treinta años después, todavía sentía el dolor mientras me contaba la historia de una niña pequeña llorosa que gritaba: «¡Por favor, Papi, no me dejes; por favor, Papi, no te divorcies de mí! ¡Seré una niña buena!». Nunca más volvió a ver a su padre ni oyó hablar de él.

Llevaba una herida en el alma que anunciaba a todas sus parejas potenciales: «Los hombres me dejan». De modo que se sentía atraída hacia apuestos donjuanes que eran exactamente iguales a su padre, sólo que una generación más jóvenes. La amaban y la dejaban, sin importarles cuánto llorara y prometiera hacer más, ser más, ser la esencia de «niña buena» de su yo de niña herida de cuatro años de edad.

Había albergado, durante tres décadas, la energía y la herida de la partida de su padre, y no hacía más que revivir la experiencia una y otra vez siendo adulta. Una vez que hubo comprendido lo que había estado sucediendo, pudo empezar a realizar el trabajo de sanación necesario para resolver el conflicto, sanar la herida y crear un futuro distinto a su pasado.

Examinemos la imagen del iceberg en más detalle, utilizando la historia de Audrey. En la superficie de la vida de Audrey, ella era consciente de que la partida de su padre debía haberla herido. También sabía que su madre le había transmitido muchos mensajes negativos sobre los hombres en general. Hacía poco tiempo que se había percatado de estos patrones negativos en sus relaciones íntimas. Estas percepciones entran en la décima parte superior del iceberg (A), bajo el título «Consciente de lo Negativo».

En este punto, Audrey estaba apenas empezando a darse cuenta de que había muchas cosas escondidas en las nueve décimas partes inferiores, «No consciente de lo Negativo». Mediante una terapia sostenida, un procesar y un trabajo interior, gradualmente fue capaz de destapar las creencias negativas que había tenido enterradas bajo la superficie durante tanto tiempo (B).

Esta mujer divertida, encantadora, no era consciente de que llevaba tanta basura interna. Sólo sabía que había experimentado un dolor casi constante y que su vida era desgraciada e inmanejable.

Le sugerí que empezase con una técnica para hacer emerger esa energía vieja, estancada, solidificada. Una de las maneras más eficaces de hacerlo es crear una afirmación, una frase positiva de una verdad espiritual que puede ser exactamente opuesta a lo que uno está experimentando en ese momento.

Audrey tomó una afirmación suya que se encontraba en la parte A, «Los hombres me utilizan, me aman y me dejan», y la convirtió en una afirmación que declaraba lo que es espiritualmente cierto: «Los hombres siempre desean lo mejor para mí». Esta afirmación era el opuesto exacto de la creencia central negativa de su yo herido, que constantemente le estaba dando a Audrey el mensaje de que «Los hombres sólo se preocupan de sí mismos». Se le indicó que debía escribir esta afirmación treinta veces al día, y después de haber escrito la afirmación escribir cualquier respuesta negativa que le viniese a la mente.

Lo que escribió fue algo así:

Día 1
Los hombres siempre desean lo mejor para mí.
Ja, eso sí que es gracioso.

Los hombres siempre desean lo mejor para mí.
¿Dónde están esos hombres? No he conocido a ninguno.

Los hombres siempre desean lo mejor para mí.
¡Tonterías!

Los hombres siempre desean lo mejor para mí.
Los hombres desean lo mejor para sí mismos.

Los hombres siempre desean lo mejor para mí.
Los hombres sólo piensan en sí mismos.
Los hombres siempre desean lo mejor para mí.
Los hombres son unos cabrones egoístas como mi padre.

Los hombres siempre desean lo mejor para mí.
Te aman y te dejan. ¿Quién los necesita?

Los hombres siempre desean lo mejor para mí.
Odio a mi padre por habernos abandonado a mi madre y a mí. ¿Cómo pudo hacer eso y no regresar jamás para ver cómo me encontraba? Por lo que él sabe, yo podría estar muerta.

Los hombres siempre desean lo mejor para mí.
Me pregunto si algún hombre deseará alguna vez lo mejor para una mujer.

Los hombres siempre desean lo mejor para mí.
Probablemente mi padrastro deseara lo mejor para mí, pero entonces se murió y acabó dejándome él también.

112

Día 2
Los hombres siempre desean lo mejor para mí.
> Esto no tiene sentido. Ningún hombre desea lo mejor para mí. Ni siquiera sé si yo deseo lo mejor para mí.

Los hombres siempre desean lo mejor para mí.
> Mi medio hermano Danny desea lo mejor para mí. Al menos él es el único que lo desea.

Día 3
Los hombres siempre desean lo mejor para mí.
> Ojalá no le hubiese prometido a Joan hacer esto todos los días.

Los hombres siempre desean lo mejor para mí.
> Qué manera de perder el tiempo.

Los hombres siempre desean lo mejor para mí.
> Hoy no estoy consiguiendo nada.

Los hombres siempre desean lo mejor para mí.
> Abandono. Esto es estúpido.

Día 4
Los hombres siempre desean lo mejor para mí.
> El abuelo Allen siempre deseó lo mejor para mí. Bueno, ya tengo a dos, Abuelo y Danny.

Los hombres siempre desean lo mejor para mí.
> Si los hombres desean lo mejor para mí, ¿por qué se marchó Jack?

Día 5
Los hombres siempre desean lo mejor para mí.
> Quizás haya algunos hombres que realmente deseen lo mejor para mí.

Los hombres siempre desean lo mejor para mí.
Quizás el que Jack me dejara fuese lo mejor para mí. Quizás, inconscientemente, él lo supiera.

DÍA 6
Los hombres siempre desean lo mejor para mí.
Quizás esto sea verdad. Simplemente, yo era incapaz de ver a través de mi propio dolor lo suficientemente como para encontrar hombres que realmente deseen lo mejor para mí.

Los hombres siempre desean lo mejor para mí.
Yo, Audrey, ahora sólo atraigo a hombres amorosos, que me apoyan, que desean lo mejor para mí.

Los hombres siempre desean lo mejor para mí.
Yo, Audrey, deseo lo mejor para mí. Por lo tanto, sólo atraigo y acepto en mi vida hombres que deseen lo mismo.

Los hombres siempre desean lo mejor para mí.
La Tía Jane me dijo que Papi creía que era mejor renunciar a mí para que mi padrastro me adoptase. Creía que sería demasiado confuso para mí tener dos papás. Te quiero, Papi. Te he echado muchísimo de menos. Te perdono.

Los hombres siempre desean lo mejor para mí.
Sí, lo desean, ¡y yo también!

Llegado este punto, Audrey había alcanzado lo que yo llamo el punto neutro. Llegas a este punto cuando empiezas a decir «sí» o, por lo menos, «quizás». Es entonces cuando la energía de las viejas creencias negativas y falsas empieza a ser liberada y se inicia la sanación. Verás, la verdad espiritual es que, en sus yos divinos, los hombres realmente desean lo mejor para todos. Audrey pudo atraer a su vida hombres que realmente deseaban lo mejor para ella únicamente cuando sanó de la necesidad subconsciente de ser herida o abandonada.

En este punto decisivo, te sugiero que escribas la afirmación entre quince y veinte veces al día durante una semana. Si algún viejo residuo emergiera a la superficie, asegúrate de limpiarlo escribiendo más respuestas.

Audrey progresó enormemente. Como suele suceder cuando empezamos a despejar las nueve décimas partes inferiores, ocurrieron algunas cosas destacables y milagrosas.

Su padre, de quien no había sabido nada durante treinta años, la localizó y le envió una carta en la que decía que esperaba que estuviera bien y feliz y que había estado pensando mucho en ella. Había estado viviendo en Bali durante un tiempo. Ella todavía no lo ha visto, pero mantiene correspondencia con él y, lo que es más importante, ya no vive en la energía de la niñita abandonada. Es asombroso lo que puede llegar a suceder cuando escarbamos en lo más profundo de nuestro interior, analizamos los viejos patrones y nos permitimos sanar en nuestras profundidades.

Cuando Audrey inició su trabajo de sanación sobre este tema, nunca se le ocurrió que su padre, al que había perdido hacía tanto tiempo, aparecería. Cuando realizamos el trabajo sanador necesario, no podemos imaginar lo que Dios nos tiene reservado. Nadie podría convencerme jamás de que no hay relación entre el trabajo que realizó Audrey y el inesperado contacto con su padre.

Ahora que ya no opera desde la energía de la niña abandonada de cuatro años, ella ha sido capaz de avanzar más en su trabajo de sanación. Por primera vez en su vida, tiene una relación sana y madura con un hombre amoroso, que la apoya. Él realmente desea lo mejor para ella.

Busca dentro de tu propia vida esas creencias centrales negativas de las que ya eres consciente, aquellas que irían en la parte superior de una décima parte del iceberg. Si estás teniendo dificultades para identificar estas creencias centrales, pide ayuda a algún amigo, o amiga, cercano que te conozca bien. Asegúrate de escoger a alguien a quien consideres emocionalmente sano, antes que a alguien que sospeches que tiene las mismas creencias centrales negativas que tú.

Te sugiero que crees tu propio diagrama del iceberg y hagas varias copias. Pon una en tu bolso o en tu maletín o en tu coche o pégala en el espejo del baño de tu casa, en algún lugar que tú, y sólo tú, veas con frecuencia. Lleva otra copia contigo a dondequiera que vayas a lo largo del día, de manera que puedas añadir a tu lista cualquier creencia negativa emergente que llegue a tu consciencia.

Hacer tu lista

Cuando estés preparado para hacer tu lista, tómate unos momentos para estar solo o sola y empieza a dejar entrar las ideas. No descartes nada de lo que aparezca. Tómate todo el tiempo que necesites para buscar en tu alma. Pregúntate qué creencias básicas has llevado contigo durante tu vida que no tienen raíces espirituales. Estos serían algunos ejemplos:

– No soy nada sin un hombre.
– Todas las mujeres son falsas.
– No confíes en nadie.
– La vida es una perra.
– Todos los hombres están locos.
– A los hombres sólo les interesa el sexo.
– A las mujeres sólo les interesa la tarjeta de crédito de los hombres.
– Todas las mujeres odian a los hombres.
– Todos los hombres odian a las mujeres.

Una vez hayas descubierto al menos cinco o seis creencias centrales negativas que pertenezcan a la punta del iceberg, escríbelas en el espacio apropiado. Utiliza el diagrama de abajo para rellenar el iceberg tal como se aplica a ti.

En la punta, designada por la letra A, puedes empezar a procesar lo que ya conoces, primero, siendo consciente de ello cada vez que esté presente en tu vida y, segundo, empezando a convertir el pensamiento negativo en una afirmación positiva. Es importante que te des cuenta de que tienes el poder de cambiar y transformar todos estos viejos pensamientos, creencias y patrones. Puedes empezar a cambiar los pensamientos dolorosos que hay en A cambiando su posición invertida, fuera-de-alineación-con-la-verdad, a una posición correcta, o de inclinación correcta. A partir de aquí puedes crear tu afirmación.

Por ejemplo, si tu creencia negativa es «La vida es una perra», entonces crea una afirmación contraria a esta percepción errónea, como «La vida es una maravilla, y yo soy parte de esa maravilla». El ejercicio de escribir utilizando esta afirmación sería algo así:

La vida es una maravilla, y yo soy parte de esa maravilla.
¡Sí, claro!

La vida es una maravilla y yo soy parte de esa maravilla.
Ni hablar, no hay maravilla en mi vida.

La vida es una maravilla y yo soy parte de esa maravilla.
¡Eso es ridículo!

La vida es una maravilla y yo soy parte de esa maravilla.
Qué pérdida de tiempo.

La vida es una maravilla y yo soy parte de esa maravilla.
¡Ojalá lo fuera!

La vida es una maravilla y yo soy parte de esa maravilla.
Me pregunto si esto es cierto para alguien que yo conozca.

La vida es una maravilla y yo soy parte de esa maravilla.
Ojalá esto fuera cierto para mí.

La vida es una maravilla y yo soy parte de esa maravilla.
Mmmm... quizás.

La vida es una maravilla y yo soy parte de esa maravilla.
Realmente me encantaría experimentar la vida como una maravilla.

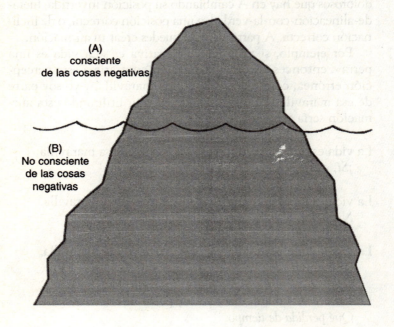

Lo que en realidad escribimos pasaría por muchísimas repeticiones más durante días y semanas antes de que alcances ese punto neutro en el cual empiezas a decir: «Quizás, quizás esto podría ser así para mí». Este es el punto en el cual tus defensas endurecidas se empiezan a resquebrajar. Después de eso, puedes continuar escribiendo hasta que realmente llegues a afirmar la maravilla de la vida para ti mismo.

He aquí otros ejemplos: de «Todos están en mi contra», a «Ahora sólo atraigo a mi vida a personas amorosas, que me apoyan»; de «No confíes en nadie», a»Confío en mis hermanos y hermanas que son uno conmigo en Dios».

Trabaja en los problemas de la parte A siempre que los percibas. Escribe cada afirmación con su respuesta hasta que llegues a un punto claro en el cual tu respuesta esté de acuerdo con la afirmación. Ten cuidado de no introducir más basura en la punta del iceberg. Esta técnica de escritura es como un «Buscador» espiritual. Es una forma poderosamente efectiva de desalojar y liberar años de creencias negativas profundamente arraigadas que han creado, en repetidas ocasiones, disgustos, dolor y relaciones fracasadas.

Ahora, para la parte (B): Cuando trabajes en el segmento (A) del iceberg, aquello que ha estado enterrado desde hace mucho tiempo emergerá a la superficie. Escribe con lápiz estas percepciones recientemente reveladas en la sección (B) del diagrama. La energía negativa de la parte (B) es transformada a través del compromiso inquebrantable de hacer cualquier cosa que sea necesaria para liberarte de esta culpa internalizada.

Aunque pueda parecer extraño y al principio parezca escandaloso, lo que en realidad hemos hecho es valorar la culpa. Esto, a su vez, nos ha llevado a crear un mundo en el cual el ataque está justificado. El ego siempre está buscando encontrar y asignar culpa a las acciones de los demás y del yo, y ve pecado antes que error o equivocación. La culpa siempre condena y censura.

El ego se alimenta de la culpa que reside en la parte (B). Es así como se mantiene viva para condenar a aquel que ha cometido un error, en lugar de ver con ojos compasivos a un hermano o hermana que está viviendo temporalmente en el miedo. Cuando condenamos y deseamos que otra persona sea la culpable, nosotros también nos sentimos culpables y buscamos condenarnos a nosotros mismos.

La culpa oculta es la que impide que la luz de Dios llegue a nuestra consciencia y mantiene vivos los ataques de unos a otros y a nosotros mismos. Estos sentimientos de culpa inducen el miedo a la venganza o el abandono y se aseguran así de que el futuro continuará siendo como el pasado.

La liberación de esta culpa oculta llega cuando somos capaces de vernos a nosotros mismos y los unos a los otros como seres espirituales. La culpa nos impide recordar quiénes somos realmente.

Hay algo que sé que es verdad y que suelo decir: «Dios no nos juzga; nosotros ya hemos aprendido a hacer muy bien ese trabajo». Al liberar estos sentimientos de culpa, podemos empezar a experimentar nuestra propia liberación de las cadenas de la culpa y luego experimentar la pureza del abrazo amoroso de Dios que ha estado anhelando nuestro despertar.

Esta visión de la culpa va mucho más lejos como definición que el concepto terrenal normal de culpa. Nos enseña que la razón por la cual nos vemos a nosotros mismos y a todos los demás como culpables es porque al separarnos y aislarnos hemos sentido un aislamiento tan insoportable que no fuimos capaces de tolerar nuestro dolor. De modo que lo empujamos hacia afuera, proyectando aquello que estaba en nosotros sobre todo y todos los que entraban en nuestro estrecho mundo. Esta acción ha hecho que nos sintamos muy, muy culpables a nivel del alma. Esta no es la culpa de habernos comido una ración de pastel de chocolate y haber roto la dieta. Es la culpa que te ha condenado a ti y a los demás al infierno en la tierra.

Para liberarnos a nosotros mismos y liberar a los demás debemos entregar todo este lío a nuestro yo-Dios. Pide que la dulzura del amor sanador de Dios fluya suavemente a través de ti. Concédete un momento para sentarte muy quieto para meditar y visualiza la luz del amor brillando suavemente a través de la oscura y pesada niebla de la culpa. Permite que la luz que hay en tu interior se expanda y a continuación elimine la oscuridad de la culpa. Respira profundamente, dejando salir la culpa que no te sirve. Afirma: «Yo dejo salir la culpa. Sólo hay amor». A medida que el amor fluye, empuja hacia afuera la oscura niebla. Mientras este trabajo continúa a través de tu perdón de este error, eres devuelto a tu mente correcta y puedes experimentar el amor que te ha estado esperando.

Perdonar a un nivel interior tan profundo es un proceso que debe practicarse en el tiempo y que ya ha sido completado en la eternidad.

7

Reconocer tus «cosas» y trabajar en ellas

Hace poco tiempo, una mujer me preguntó: «¿Qué quieres decir cuando hablas de trabajar en ti mismo, trabajar en tus «cosas»? ¿Qué es lo que hay que trabajar?».

Utilizo la palabra *cosas*, en lugar de la denominación más corriente, para sumar la totalidad de basura no sanada. Utilices la palabra que utilices, es importante reconocer que es tuya, no de la otra persona, y que tienes que realizar un trabajo sobre ti mismo. Las «cosas» que necesitan ser sanadas pueden abarcar desde la ira contra tu madre, hasta un comportamiento compulsivo, hasta el hecho de ser manipulador/a o controlador/a, de comportarte como un niño (o niña) herido, de creer que eres víctima de los hombres, del gobierno, de la sociedad o de lo que tú quieras. Las «cosas» pueden ser manifiestamente evidentes, o sutiles y ocultas bajo un barniz de «¡Todo es maravilloso!».

Únicamente aquello que no revelamos es lo que falta en cualquier situación. Esto quiere decir que siempre que percibimos que está faltando amor, comprensión, perdón o sensibilidad en una relación, somos nosotros, personalmente, somos los que no hemos dado la medida completa de amor, comprensión, perdón y sensibilidad.

Esta enseñanza no tiene excepciones. Ciertamente que desearíamos hacer todo tipo de excepciones, gritando indignados que esto no puede ser así en nuestro caso. Podemos protestar, podemos negar esta verdad, pero nuestro grito no cambiará las cosas.

No sé en tu caso, pero a mi ego realmente no le gustó este mensaje, especialmente a la luz del trabajo de sanación que yo había realizado. Como resultado de dicho trabajo, me encontraba mucho más feliz y más completa, pero seguía estando sola, cuando lo único que deseaba era estar viviendo en una relación sagrada con mi alma gemela. De manera que me rendí un poquito más al poder del Amor Divino y pedí que se me mostrara la manera de dar y recibir amor en mi vida de una forma más completa.

Durante esta época, estaba comenzando mi segundo año de la Escuela de Misterio con la Dra. Jean Houston, la renombrada psicóloga humanista. Cada año, la Dra. Houston presenta un entrenamiento intensivo a un grupo de aproximadamente 150 personas, en su mayoría profesionales del mundo entero. Su trabajo está diseñado de acuerdo con las antiguas escuelas de misterio, los cuales eran centros de entrenamiento para la iniciación a las antiguas religiones y las ciencias espirituales. Los fines de semana en la Escuela de Misterio eran ricos en mitos y rituales, danzas sagradas y representaciones, y sorprendentes conferencias de la Dra. Houston, de quien dijo Joseph Campbell: «Su mente es nuestro tesoro nacional». Yo había asistido y completado todo un año, y todavía deseaba recoger más, de modo que regresé en Enero de 1986 para empezar mi segundo año.

En la segunda noche de la primera sesión, participamos en una iniciación espiritual que continuó hasta bien entrada la noche. El gimnasio en el que se realizaba este trabajo suele tener el mismo aspecto que todos los demás gimnasios (utilitario, sin adornos, angular y frío), pero en la preparación para la actividad de aquella noche, experimentó una metamorfosis.

Lujosas telas, la tenue luz de las velas y varios artefactos y tesoros de todo el mundo decoraban el espacio. La creación resultante emitía calidez y una sensación de exotismo, mientras el gimnasio se convertía en un templo sagrado salido de la antigua Atenas o Tebas. Todo adquirió una cualidad reluciente, tornasolada, de otro mundo.

Empezando a medianoche, uno por uno, los participantes iban ante Jean y solicitaban lo que deseaban para ese año, de la vida, de la experiencia de la Escuela de Misterio. Mientras tenía lugar este ritual, los demás participantes caminaban lentamente en un enorme círculo. Cuando un alumno o alumna terminaba de hablar con Jean, era libre de retirarse, de modo que gradualmente, a lo largo de la noche, el tamaño del grupo fue disminuyendo. Cada uno entraba en la posición central cuando se sentía movido desde su interior a hacerlo, sin estar gobernado por ninguna directriz externa.

Aquella noche, caminé lentamente en ese círculo, hora tras hora. Sabía lo que tenía que pedir, pero aún así sentía unas ligeras dudas, quizás una ligera vergüenza. A las 3:30 de la madrugada, siendo una de los pocos alumnos que quedaban, me abrí camino poco a poco hasta la posición dentro del círculo, ante esta mujer ateniense de sabiduría y poder.

Cuando estuvimos una delante de la otra en lo que pareció un instante de eternidad, ella preguntó: «¿Qué esperas obtener de este año?» «Amor, deseo amor. Deseo encontrar al amado de mi alma con piel. Deseo estar con mi alma gemela». Sus ojos me penetraron, fue como si estuviese mirando a mi alma, no a mí. Empezó a hablar: «Tú, una pastora de amor, pides ahora amor?». «Sí», asentí. Entonces ella dijo algo que ciertamente yo jamás hubiera esperado: «Te voy a golpear». Me quedé pasmada. Jean es una mujer grande, de casi un metro ochenta de estatura, y fuerte. Utilizando la parte posterior de la mano, golpeó con todas sus fuerzas mi chakra del corazón. ¡Pam! Me volvió a atravesar con la mirada y dijo: «Te voy a golpear otra vez». ¡Pam! Las lágrimas cayeron por mis mejillas mientras ella decía: «¡Ahí tienes! Ahora tu corazón está completamente abierto para recibir y dar todo el amor que deseas».

Fue, verdaderamente, una de las experiencias más extrañas de mi búsqueda espiritual. Me alejé de Jean y continué caminando por el círculo, llorando todo el tiempo. No lloraba por el dolor causado por sus golpes, aunque fueron bastante potentes. Lloraba lágrimas de liberación.

El hecho de que ella golpeara mi chakra del corazón había liberado alguna fortificación mantenida ahí desde hacía mucho tiempo. Fue como si se hubiera roto un dique. Caminé hasta que mis cascadas personales cesaron, luego regresé a mi habitación mientras se acercaba el alba, sabiendo con certeza que algo muy significativo había tenido lugar.

El bloqueo contra el amor que había estado ahí se derrumbó a esa temprana hora de la mañana. Ahora estaba totalmente preparada para recibir el amor que deseaba y era capaz de dar incluso más amor.

Ahora bien, no recomiendo que tú y un par de amigos os reunáis y empecéis a golpearos unos a otros el centro del corazón. Estuvo bien para mí, en aquel momento. A medida que vayas sanando y abriéndote más, tú también estarás más sintonizado con qué es adecuado para ti... y cuándo.

El espíritu está siempre guiándonos hacia nuestro bien. Cuanto más practiquemos confiar en un poder más grande que nosotros, más experimentaremos nuestro bien más elevado. Este bien más elevado siempre nos es ofrecido como una posibilidad, pero hasta que no estemos dispuestos a quitar nuestro yo y nuestros problemas del camino, nuestro bien continuará siendo sólo una posibilidad.

Cada uno de nosotros es guiado individualmente y de una forma especial hacia ese bien. Esto no excluye la necesidad de realizar un trabajo interior y de descubrir las piezas que ya no encajan. Tendrás que examinar muchas piezas antes de que la imagen esté completa. Lo más importante es tu disposición a completar cada segmento del trabajo.

Empezar tu trabajo interior

Para percibir mejor qué trabajo en particular has de realizar, examina tu vida cuidadosamente y a fondo, mirando con un ojo de Sherlock Holmes los resultados que hay ahora mismo en tu vida. He aquí una técnica que te será muy útil.

Observa bien aquello que percibas como negativo y que no está funcionando. Esos resultados son los efectos. Escríbelos, cada uno por separado, luego retrocede desde ahí hasta llegar a la causa. ¿Cuál fue la causa que produjo el efecto que ahora experimentas? Recuerda, la causa está en ti: puede estar oculta, pero está ahí, en algún lugar de tus pensamientos y en tu sistema de creencias. Si puedes buscar la causa con honestidad, descubrirás los apuntadores internos que han impedido que el amor y su plena expresión formen parte de tu experiencia.

Chris, administradora de una guardería, encontraba que estaba perdiendo la paciencia con sus hijos, irritándose con sus compañeros de trabajo y sintiendo que sus jefes no tenían en cuenta sus necesidades. Además, reñía mucho con su madre y su hermana, las cuales estaban molestas por el último interés amoroso de Chris. Le recordaban que era otra relación fallida.

Chris, quien acababa de tener una pelea a gritos con su hermana, sentía que nadie a quien ella conociera la respetaba o tenía en cuenta sus necesidades. ¿Es que no podían ver que estaba pasando por un momento difícil? ¿Por qué estaba siempre rodeada de personas egoístas que siempre creían tener la respuesta correcta?

Deshecha, Chris vino a verme buscando una solución espiritual. Mientras hablábamos, empecé a compartir con Chris la idea de que lo que en ese momento estaba experimentando en su vida estaba ahí para mostrarle lo que necesitaba ser sanado en ella. Chris dijo que estaba dispuesta a explorar lo que pudiera haber enterrado en lo más profundo, aunque estaba bastante segura de que el problema estaba «ahí fuera» y no en ella.

Sentada en silencio, empezó a explorar a grandes rasgos lo que había estado experimentando repetidamente en los últimos meses.

1. Parecía estar percibiendo siempre cuán centrados en sí mismos estaban sus amigos y compañeros de trabajo.

2. En numerosas ocasiones, había sentido que sus intenciones eran profundamente incomprendidas por los demás.

3. Recientemente, en tres ocasiones, había habido mujeres enfadadas con ella.

4. Su patrón continuo de atraer y salir con hombres que no estaban disponibles emocionalmente había salido una vez más a la superficie.

Chris no deseaba continuar viviendo en su malestar, ni estaba dispuesta a seguir repitiendo estos patrones. Estaba preparada para destapar las causas subyacentes. Después de escribir la lista de arriba y más, Chris simplemente permaneció con ello durante varios días. Después empezó a explorar las posibles causas de los resultados que había anotado.

1. Había estado poniendo una exorbitante cantidad de energía en sí misma, en sus deseos, sus preferencias, en lo que los demás estaban o no estaban haciendo por ella o a ella. Siendo brutalmente franca, reconoció que había estado tan centrada en sí misma, como aquellas personas a las que había estado juzgando, o más.

2. En cuanto al hecho de que los demás no comprendieran sus intenciones, aquí tuvo un verdadero «¡Ajá!».Ciertamente, había sentido que sus intenciones no eran comprendidas. Ella no estaba clara en su interior, y en lugar de trabajar en

ese problema, había estado ocupada haciendo inventario de las faltas de todas las demás personas.

3. Chris tomó la presencia de mujeres enfadadas en su vida como una pista de que una capa de su propia ira no reconocida debía de estar intentando salir a la superficie. No le gustaba, pero estaba dispuesta a observarla, sanarla y dejarla ir.

4. Se hizo cargo del resurgimiento de su antiguo patrón de relación con mucha rapidez, puso fin a la relación y practicó varias técnicas de perdón en sí misma y en los jugadores clave del pasado. Luego rodeó a los hombres y a sí misma con un amor sanador.

Utilizar este ejercicio te ayudará a analizar los actuales efectos indeseables que hay en tu propia vida y a mostrarte cómo examinar en mayor detalle cuáles son las causas. Empieza observando los temas recurrentes en tu vida. Pregúntate, con total honestidad: ¿cuáles son los patrones que se repiten en mi vida? Haz una lista de ellos. Luego pregunta: ¿qué es lo que siento que me están haciendo? Haz una lista de lo que se te ocurra. Puedes aprender de estas listas y alcanzar una mayor comprensión de lo que están hechos tus problemas.

Para avanzar en la consciencia hasta el nivel de estar en sintonía con un alma gemela, es realmente útil descargar tu exceso de equipaje, liberarte de tus «cosas» no sanadas. Como ya he dicho, esto no es fácil, pero vale la pena todo el trabajo que supone. La vida adquiere una dulzura cuando rozamos el indescriptible amor puro que es nuestra esencia. El mundo se llena de milagros. Las estrellas se mueven por ti. Cuando aclaramos las partes oscuras de nosotros mismos, empezamos a ver la maravilla de la vida que siempre ha estado ahí, esperándonos. Este tipo de vida no se hace con prestidigitación o trucos de espejos. Es real.

Cuando tenemos una claridad emocional, cuando hemos trabajado nuestros problemas y sanado los agujeros de nuestra alma, cuando por fin nos queremos a nosotros mismos, entonces somos radiantes imanes de la energía del amor. Podemos atraer el amor y dejar salir nuestra propia belleza. Cuando nos queremos, nos sentimos suficientemente bien con nosotros mismos como para permitir que el resplandor y el atractivo sean vistos por otras personas. Ya no necesitamos ni deseamos mantener esta viveza encerrada en la oscuridad de antiguas heridas, penas e infortunios.

La mayoría de nosotros hemos hecho aquello que dio Jesús. Hemos tomado un cesto y lo hemos colocado sobre nuestra luz. Cuando te sientas realmente bien con tu verdadero ser, te quitarás el cesto y ... ¡Hete ahí en todo tu radiante esplendor!

Debemos amarnos a nosotros mismos para permitirnos ser atractivos e irradiar una energía de calidez, amor y receptividad. No nos amamos basándonos en el ego, sino centrándonos en lo divino, de una manera en la cual ya no nos condenamos a nosotros mismos a vivir una vida a medias.

He visto a personas, mujeres y hombres, de transformarse de hierbajos en lirios cuando sus patrones negativos han empezado a sanar. La tristeza abandona sus ojos y su rostro. La frente se relaja permanentemente. La postura encorvada se endereza. En lugar de colgar, los hombros se vuelven anchos y cuadrados. La salud mejora; los pequeños cortes, las magulladuras y raspaduras por golpearnos a nosotros mismos constantemente desaparecen. Observa cómo, cuando eres crítico contigo mismo, siempre estás chocando contra sillas, armarios y puertas. Estás constantemente tropezando o cayéndote. Una amiga mía finalmente encontró la relación entre sus pequeñas quemaduras de cocina y el hecho de que siempre estaba diciendo que el comportamiento de su novio «la hacía arder». Se hizo la luz y ella dejó de tener una relación con aquel hombre. Inmedia-tamente, se volvió más amable consigo misma y ya no tuvo la necesidad de infligir quemaduras en sí misma.

Cuando aprendemos a querernos, se producen muchos resultados sorprendentes, tanto sutiles como profundos. Mi querida amiga Linda, quien había sido víctima de abusos sexuales por parte de su padrastro durante toda su infancia, se dio cuenta años después de haber sanado su trauma y su dolor que sus ojos habían pasado de tener un color marrón triste y lóbrego a ser verdes y radiantes de luz. «Ahora siento la alegría de Dios en las células y la energía de mi cuerpo», dice. Muchos hablan de alegría en sus cuerpos. Una mujer que conozco dijo que estaba tan viva que sentía como si estuviese «energizada». No podemos tener una experiencia de una profunda sanación interior sin que haya algunos efectos internos y externos muy notorios. Cuando nos amamos a nosotros mismos y nos sentimos bien respecto a nosotros mismos, permitimos que los demás vean nuestra belleza.

Nunca he conocido a una persona que verdaderamente no sea nada atractiva, pero he conocido un sinfín de personas que se sentían muy mal respecto a sí mismas y que no se permitían ser atractivas. Cada uno de nosotros es una belleza natural. La belleza no ha sido repartida a unos pocos elegidos; está disponible para cualquiera que crea que se merece ser atractiva o atractivo e irradiar una belleza interior. Todos poseemos una belleza innata. No estoy hablando de una especie de máscara artificial, falsa, sino del tipo de belleza que va del interior hacia el exterior.

No hay personas feas, sólo gente con unos pensamientos muy feos acerca de sí misma. Baldassare Castiglione expresó un pensamiento de lo más bonito: «La belleza, a mi parecer, proviene de Dios. Por lo tanto, no puede haber belleza sin bondad».

Cuando hemos tocado al espíritu que hay en nuestro interior, simplemente empezamos a vernos a nosotros mismos como atractivos automáticamente, y devenimos irresistibles a los demás. Los demás reconocen que tenemos un cierto «algo». Quizás no comprendan o no sepan qué es exactamente, pero sabrán que quieren estar cerca.

Cuando dejé libre a la mujer que había estado encerrada en el ático de mi mente, toda mi apariencia física y mi aspecto cambiaron. Dejé salir una suavidad que siempre había estado ahí, pero a la cual temía. Había tenido miedo de que me hiciera parecer débil, pero lo que en realidad hizo fue hacerme más atractiva y espiritualmente poderosa.

Hay muchas cosas que puedes hacer para prepararte para tu relación sagrada, y aprender a quererte verdaderamente y a respetarte es un paso gigantesco en la dirección correcta. Para aprender a amarnos a nosotros mismos, primero debemos entrar en una relación sagrada con nuestro ser, nuestro ser divino. Debemos aprender a reconocer nuestros problemas cuando están presentes en nuestras vidas. Debemos estar dispuestos a realizar el trabajo necesario para ser sanados y dejar salir al ser maravilloso que está en nuestro interior.

Estoy sufriendo ¿De quién es la culpa?

Buscamos encontrar la causa de nuestro problema, de nuestro dolor, no para asignar culpas, sino para poder comprender. Lo hacemos para poder comprender las dinámicas ocultas que han estado en funcionamiento creando nuestra actual visión de la realidad. Aquí es cuando empezamos a perdonar: perdonar a la otra persona o personas, perdonar a la situación por nuestro dolor percibido, perdonarnos a nosotros mismos por permitir la situación. Luego seguimos adelante. Al hacer todo esto, estamos liberando los patrones de energía que han creado en repetidas ocasiones el mismo guión en nuestras vidas.

¿Te has fijado que el mismo tipo de situación dolorosa ocurre una y otra vez en tu vida? Las personas pueden ser otras, las circunstancias ligeramente diferentes y el escenario nuevo, pero la dinámica de lo que está sucediendo continúa siendo exactamente la misma. Una vez más, descubres que te han abandonado, maltratado o dejado, y el dolor no disminuye por el simple hecho de que el patrón se haya vuelto familiar.

Utilizamos nuestras penas para cerrar los ojos y dejar de hacer uso de nuestros oídos. Vemos lo que queremos ver y oímos lo que queremos oír. Lo que vemos y oímos puede tener o no tener que ver en absoluto con la realidad. Cuando nos sentimos agraviados, nos tomamos todo lo que vemos o oímos como un ataque personal a nuestro pequeño reino o reinado. Creemos que su única función es el ataque a nuestra paz mental. Cuando nuestras mentes se aferran a nuestros agravios, nos tomamos todo de un modo personal, tanto si se trata de una mala mirada o de un comentario descortés. Cualquier desaire minúsculo se convierte en más munición para nuestro arsenal de agravios.

Las personas espiritualmente maduras han aprendido a no tomarse nada de un modo personal. Forman parte de lo que a mi me gusta considerar la Escuela de Maestría del "Ah, Eso". Hay muchas historias de «ah, eso» que se originan en la antigua sabiduría oriental. He aquí una de mis favoritas:

Una muchacha joven y sus furiosos padres llegan hasta las puertas de un monasterio exigiendo ver a cierto monje joven. Cuando se presenta el monje, los padres empujan hacia adelante a su hija evidentemente embarazada y dicen que ella ha confesado que él es el padre del niño. El monje simplemente responde, «Ah, eso». El padre, más indignado aún, dice que cuando nazca el bebé se lo quitará a su hija y se lo dará al monje, el cual será responsable de la educación del niño en el monasterio. El monje responde: «Ah, eso». La familia se marcha y el monje vuelve a sus tareas sin decir una palabra. Varios meses más tarde, el padre regresa y coloca al bebé recién nacido en los brazos del monje. El joven monje cuida cariñosamente del recién en su diminuta celda. Transcurrido un tiempo, los padres, su hija y un muchacho llegan a las puertas del monasterio. Esta vez, el padre dice que su hija se sentía angustiada sin su hijo, que había ido a verle y había confesado que no era el monje el padre del niño, sino este muchacho, que había sido su amante. Ella había inventado la historia sobre el monje por temor a la ira de su padre contra el chico. Dicen estar enamorados y que no pueden soportar vivir sin su bebé. ¿Sería el monje tan amable de perdonarles y devolverles al niño? A lo cual él responde: «Ah, eso», al tiempo que les entrega al bebé.

Mantenerte centrado sin importar lo que esté sucediendo a tu alrededor, no tomarte de una forma personal lo que otra persona dice o hace, es la auténtica libertad emocional. La próxima vez que estés a punto de tomarte el comentario o el desagravio de alguien de una forma personal, di simplemente: «Ah, eso», y continúa con tu vida.

8
Perdona, perdona, perdona

Puedes tener felicidad, una mente tranquila, un propósito claro, una belleza que no es de este mundo, protección, una tranquilidad inalterada, suavidad constante y cualquier otra cosa maravillosa y positiva que puedas imaginar. ¿Suena increíble? No, según *Un Curso de Milagros*, que afirma: «Todo esto te ofrece el perdón, y más». De hecho, el *Curso* dice: «El perdón me ofrece todo lo que deseo». Bueno, ¡yo di un salto con eso! Sí, deseaba felicidad, una mente tranquila, una certeza de propósito, así como belleza, paz, suavidad, bienestar y descanso, y deseaba más. Deseaba una relación amorosa, de compañerismo. Deseaba conocer a mi alma gemela. Deseaba estar felizmente, dichosamente casada. Deseaba tener una relación que fuese una alegría, fácil, que no fuese competitiva, o una lucha. Deseaba tener una relación que fuese sagrada.

El auténtico perdón implica entrar en tu psique y procesar aquello que ha sido durante mucho tiempo un conflicto, esas nueve décimas partes del iceberg. Significa descubrir ciertos comportamientos, actitudes o situaciones que te impulsan hacia reacciones automáticas. También supone analizar los patrones familiares y comportamientos disfuncionales generacionales.

¿Es necesario todo esto para tener una relación con tu alma gemela? Sí, si deseas tener una relación sana, feliz, fácil y duradera.

Después de dejar a mi segundo marido, sabía que si deseaba encontrar un amor verdadero y ser sanada tenía que llegar hasta el centro de mi psique y descubrir por qué había escogido dos parejas tan difíciles. Fue una misión apremiante, y a veces parecía imposible. Pero todas las cosas son posibles cuando la certeza de propósito y la claridad de intención van unidas al Amor Divino. Y yo estaba decidida a llegar hasta el centro, sanarlo y ser libre.

De modo que, ¿qué era lo que ocurría en lo más profundo de mi interior que me hacía repetir el mismo error? El procedimiento normal es examinar la relación temprana con tus padres y descubrir dónde se podrían haber originado las creencias y patrones negativos. ¿Me había casado yo con mi madre o mi padre? Bueno, hice esto casi un sinfín de veces y obtuve algunas percepciones menores, pero nunca un «¡Ajá!» completo. Nunca experimenté el darme cuenta de algo de un modo pasmoso, o alucinante, que gritara a través de mi ser: «¡Es esto!». Aquí no hubo ningún «ajá».

Entonces, un fin de semana, un facilitador de un taller que estaba trabajando conmigo en este problema me hizo una pregunta que yo jamás había explorado antes. Cuando yo era pequeña, ¿había algún hombre, pariente o amigo de la familia, viviendo con nosotros? Lentamente, empezó a hacerse la luz y entonces el impacto me golpeó por completo. Me había casado con mi tío Tony (no literalmente, por supuesto, pero con un hombre muy parecido a como era él).

Cuando era pequeña, el hermano menor de mi madre pasaba casi cada fin de semana con nuestra familia. Era un muchacho guapo, encantador, presumido que conducía un Jaguar plateado y poseía una inteligencia mordaz. Solía llevarme de paseo en aquél automóvil impresionante, conduciendo a cien millas por hora, mientras yo daba unos chillidos que eran una mezcla de terror y fascinación. Luego solía comprarme un helado o alguna pequeña chuchería y se suponía que todo volvía a estar bien. El tío Tony siempre me favorecía y derramaba su encanto sobre mí. Sin embargo, yo nunca conseguía relajarme del todo con él, porque se enfadaba con rapidez, y cuando lo hacía dejaba de ser divertido. Cuando empecé a ser un poquito mayor, me di cuenta de que cada mes, aproximadamente, estaba con una mujer distinta. Mi madre decía que era un mujeriego. Yo no sabía lo que eso significaba. En una ocasión noté marcas amoratadas en la parte superior del brazo de su amiga. Cuando pregunté qué había sucedido, ella dijo que se había caído y Tony la había agarrado. Parecía un lugar extraño para tener cardenales. Después hubo otra mujer con más cardenales, y simplemente supe que algo no estaba bien. Pero a los nueve años era demasiado pequeña para descubrir qué era.

Siempre que interrogaba a mi tío, éste se limitaba a hacer una broma y yo reía y pensaba que era muy gracioso, sin comprender nunca esta dinámica adulta. Cuando tenía yo unos dieciséis años, mi madre y mi tío discutieron y él abandonó nuestras vidas para siempre. Nos enteramos que se había mudado a California, luego fuera del país, y nunca más volvimos a saber nada de él. Yo había sido su sobrina favorita, lo había visto todo el tiempo y luego nunca más.

Hace unos pocos años averigüé su número de teléfono y lo llamé a California, donde estaba viviendo. Se quedó sin habla al enterarse de quién estaba al otro lado de la línea. Dijo que vendría a la ciudad en la que yo me estaba quedando ese fin de semana y que me llamaría al hotel y quedaríamos para vernos a una hora. Comprobé varias veces en recepción si había algún mensaje. No había ninguno, y entonces me di cuenta de que nunca llamaría. Nunca lo hizo.

Mi tío era todo exhibicionismo y espectáculo en el exterior, pero carecía de profundidad o un verdadero interés en el interior. Poseía un barniz de encanto, era guapo y pulcro en el exterior, pero también era crítico, manipulador, altamente disfuncional en sus relaciones con las mujeres, egocéntrico y establecido en un furioso infierno de hostilidad hacia todas las mujeres. Las maltrataba emocionalmente y físicamente. En mi mente infantil, yo limé todas estas características, y años más tarde encontré a una pareja que, aunque no era idéntico al tío Tony, era un reflejo bastante exacto de él.

Ya había realizado un trabajo enorme perdonándolos a él y al tratamiento irregular que me dio cuando era niña. Ahora comprendía esa ostentación, ese todo-mostrar-ninguna-sustancia que yo había recreado en mi vida adulta. Una vez que hube comprendido que me había «casado con mi tío», que me había casado con lo que me había repelido y atraído siendo niña, fui capaz de orientar mi trabajo de sanación hacia donde era más necesario. No sólo debía perdonar a mi ex-marido, también había más trabajo que hacer con mi tío y yo.

Mi anterior marido era la punta del iceberg, la décima parte. Mi tío y yo éramos las nueve décimas partes que antes habían estado ocultas, enterradas profundamente en mi memoria del alma y en mi psique. Ese profundo daño del pasado es lo que produce las heridas del alma.

Con frecuencia, hay que cavar mucho para descubrir cuál ha sido la causa raíz. En ocasiones nos es revelada. A veces nunca llegamos a conocer la causa específica, pero llegamos a ser conscientes de los efectos y, a través del perdón, podemos arrancar de raíz la causa sin saber nunca conscientemente cuál era.

El perdón es la lección que hemos venido a aprender. Todos tenemos maestros de perdón. Algunos interpretan papeles menores, mientras que otros tienen los más importantes. Estoy segura de que tú has tenido el tuyo, al igual que yo he tenido los míos, algunos de los cuales he compartido contigo en este libro. Continúan enseñándonos día tras día, durante todo el tiempo que estamos con ellos, hasta que nos damos cuenta de que lo que tenemos que hacer es perdonar a estas personas, no odiarlas ni retirarlas, ni ignorarlas o lanzarlas fuera de nuestros corazones.

David, mi marido, cuenta cómo trabajó durante décadas para perdonar a su madre. Su madre, Edith, era una gritona. Gritaba a los vecinos, al mecánico y al lector de contadores. Cuando era un niño pequeño, David solía retirarse avergonzado siempre que esto sucedía. Cuando le gritaba a su padre, se escondía. Nunca le pegó ni castigó a David, pero cómo gritaba.

Mientras David iba creciendo y su madre continuaba gritando y seguía siendo su maestra, él se dio cuenta de que no sentía mucho amor por ella en su corazón. Esta contención estaba bloqueando el flujo de amor hacia los demás. Estaba afectando a su vida adulta y le estaba haciendo daño. Él no supo qué hacer hasta que se dio cuenta de que su única opción era perdonarla. Ese fue el momento en que se dio cuenta de que debía hacer algo para resolver sus sentimientos hacia su madre, de modo que empezó a mantener la afirmación: «Te perdono, Mamá, por gritar». De repente, cuando la vio, se dio cuenta de que sus gritos eran más silenciosos para sus oídos. Trabajó a diario para perdonarla por completo y, en los años posteriores, lo que ella hiciera o cuánto gritara ya no tuvo ningún efecto sobre él.

Entretanto, Edith continuaba gritando. Los sentimientos resueltos de David estaban dentro de él, y en su caso no se derramaron sobre su madre. Debido a un derrame, ella pasó los últimos quince años en una residencia para enfermos donde la trataron con mucho cariño y amor. Ahí gritaba a todo el mundo, a las enfermeras, a los ayudantes, a los médicos; incluso le gritaba al sacerdote que era responsable de su estancia en este hogar encantador.

Edith debe haber tenido también mucho amor en su interior, porque atrajo a muchas personas generosas y amorosas a su vida. Luego, a la edad de noventa y un años, su tiempo de enseñanza y aprendizaje sobre la tierra llegó a su fin y abandonó con suavidad este plano físico. En su velatorio, su principal cuidador, que simplemente adoraba a esta viejita arisca, se acercó al féretro con los ojos llenos de lágrimas, contempló su interior durante un largo rato y luego se volvió hacia David y dijo: «Bueno, parece ser Edith, ¡pero no está gritando!».

Hizo falta la muerte para silenciar a Edith. La alegría de David fue que, antes de su muerte, había perdido, mediante el perdón, su razón para estar enfadado con ella. Una y otra vez, dirigía un pensamiento amoroso de perdón hacia su madre.

Si te has preguntado qué estás haciendo en este planeta, ahora tu pregunta ha sido respondida. Tú, querido mío o querida mía, estás aquí para perdonar. Cualquier cosa que haya sucedido en tu vida, ha tenido lugar para ayudarte a aprender esta única lección. Cada intérprete en el escenario del drama de tu vida que te ha causado algún pesar llegó a la representación porque tú lo solicitaste subconscientemente, para ofrecerte la oportunidad de aprender la lección de perdón.

Ahora debes admitir que algunos de los intérpretes han realizado representaciones dignas de un Premio de la Academia. Tu función no es la de juzgarlos, criticarlos, ignorarlos o entregarles un Oscar. Tu función es perdonarlos. Nunca podrás tener una relación sagrada en tu vida mientras no haya perdón en tu corazón.

La idea de que debemos perdonar a todos y a todas las cosas puede ser un pensamiento perturbador para algunos. Ven los detalles particulares de su situación como algo tan horrible que el perdón sería como decir que no importa, o le restaría importancia a sus sentimientos o experiencias. Lo que hace el perdón es permitirnos ver nuestro pasado bajo una luz totalmente distinta, con una consciencia totalmente nueva. El perdón nos libera del pasado y del revivir una y otra vez el horror, la injusticia, el dolor y la pena. Hasta que no llegamos a un lugar de perdón absoluto, la situación irresuelta continúa viviendo en nuestro interior, afectando negativamente a cada relación que tenemos.

Si deseas tener una relación sagrada, vivir en la dicha con tu alma gemela, debes perdonar. Parece casi imposible darte cuenta que debes hacerlo, no por la otra persona, sino por tu propio bien. Tu falta de perdón está contaminando tu vida. La falta de perdón llena nuestra vida y al mundo de una energía corrompida, podrida. Nubla todo lo que vemos y nos ciega a nuestras siempre presentes bendiciones y a la belleza de la vida. Es importante darse cuenta de que todos necesitamos perdonarnos a nosotros mismos. Dado que nuestros juicios y quejas del yo pueden ser muy estar a mucha profundidad, el perdón de uno mismo suele ser más difícil que perdonar a los demás. Todas las técnicas de perdón pueden ser dirigidas desde el interior hasta que se logre un estado de paz y una sensación de limpieza. Independientemente de cuán difícil te pueda resultar perdonarte a ti mismo, este proceso es absolutamente necesario para tu sanación total.

Concéntrate en lo grande hasta que lo consigas

No tendrás que buscar mucho para descubrir quién es la primera actriz o el protagonista de tu drama personal de perdón. Estoy segura de que ya tienes alguna percepción clara de quién (o quizás qué) ha tenido el papel protagonista en tu vida. Para David, fue su madre. Para mi, fue mi segundo marido, que era un reflejo de mi tío. Para todos nosotros, somos nosotros mismos.

Trabajé años para perdonar a mi segundo marido. Escribí una lista de perdón muchas mañanas durante casi cinco años. Sí, estaba decidida a retirar este bloqueo al amor. Para mí, no había otra manera de llegar hasta la veta madre de fealdad enterrada en las nueve décimas partes inferiores del iceberg.

Este tipo de trabajo de perdón es muy efectivo y es uno de mis favoritos. Cada mañana, antes de hacer cualquier otra cosa, siéntate en silencio con un bloc de hojas y un lápiz. Cierra los ojos y concéntrate en una persona determinada con quien hayas tenido muchos conflictos y disgustos. Cuando tengas claro quién es la persona, abre los ojos y ten a mano el bloc y el lápiz.

Yo empecé escribiendo así: «Yo, Joan, me perdono. Perdono a todos. Estoy libre, estoy libre». Luego escogía el sujeto (actor) del día y continuaba escribiendo. Necesitas ser tan específico como lo sea tu memoria en relación a los temas en particular. Por ejemplo, si tu padre era un alcohólico, en lugar de escribir «Ahora te perdono, Papá», escribe: «Te perdono, Papá, por haber llegado a casa borracho cada noche. Te perdono por no haber estado en mi cumpleaños. Te perdono por avergonzarme delante de mis amigos. Te perdono por haber sido malo con Mamá y hacerla llorar. Te perdono que tu vida haya sido tan desastrosa. Te perdono por ser tan infeliz». Has de ser muy específico: «Te perdono por haber sido un borracho que se caía el día de mi graduación. Te perdono por haber roto cada promesa que me hiciste. Te perdono por contaminarte cada día con alcohol».

Después de haber pasado veinte, o preferentemente treinta, minutos escribiendo esta lista, llévala a la chimenea o a la pica de la cocina y quémala. El quemar simboliza un cambio total en la forma de las cosas en las que estás trabajando: de un papel escrito (algo) a cenizas (nada). Luego regresa y siéntate, medita y pide que la paz de Dios llene tu ser y que el Amor Divino te inunde con la luz del amor. Respira profundamente y deja que la actividad sanadora de la paz y el amor tenga lugar en tu interior. Haz esto durante por lo menos diez minutos. Luego levántate y empieza tu día mucho más despejado.

¿Durante cuánto tiempo has de hacer esto? Hazlo hasta que sientas amor y sientas que la negatividad de tu interior ha desaparecido. No lo hagas más de tres veces por semana, o harás que surjan al mismo tiempo demasiadas cosas que necesitan ser procesadas. El perdón implica cambiar tu percepción de la otra persona o situación. Sabrás que esto ha tenido lugar cuando, ya no te afecte nada de lo que la persona haga. Quizás te tome un mes; quizás sean necesarios cinco años de escribir y quemar listas de perdón. Por mucho tiempo que tome, estarás agradecido cuando el perdón llegue a tu vida y seas libre.

Me acuerdo del turista que detiene a un neoyorquino y le pregunta cómo llegar a Carnegie Hall. El neoyorquino responde: «Practique, practique, practique». El proceso del perdón requiere, evidentemente, de una cierta diligencia, pero como sucede con un concierto de piano en el Carnegie Hall, el resultado habrá valido todo el esfuerzo. Se obtendrán resultados sorprendentes.

El resultado más sorprendente que he tenido por haber sanado el pasado mediante el perdón comenzó cuando David y yo nos encontrábamos en Hawai preparando nuestro viaje espiritual por aquellas islas místicas. Ahí, el pensamiento de mi ex-marido no hacía más que venir a mi mente. Esto me resultaba muy desconcertante y se lo conté a David, diciendo: «Realmente no creo que esto tenga que ver con la necesidad de perdonarle. Me siento confusa acerca de la razón por la cual me viene a la mente constantemente». David pensó en esto durante un momento y luego dijo: «Quizás esté llegando a ti para que lo bendigas. Simplemente envíale algunas bendiciones».

Esto me sonó bien, de modo que lo hice y no volví a pensar en ello hasta mi regreso a casa. En mi primer lunes en casa tuve una cita con el peluquero, el cual me recibió en la puerta casi sin aliento, diciendo: «¡Me alegro de que estés aquí! Tu ex-marido (que todavía iba a mi peluquería) estuvo aquí la semana pasada y realmente deseaba ponerse en contacto contigo pero tenía miedo de que no quisieras hablar con él si te llamaba. Está en el hospital, está siendo sometido a una operación de cuatro bypasses en este preciso instante y está realmente asustado. Quería que te pidiera que por favor reces por él si tu corazón te permite hacerlo».

Le dije que por supuesto que lo haría, y empecé a tenerlo en la luz y la presencia sanadora de Dios, pensando para mí que sí se había puesto en contacto conmigo, sólo que no había usado el teléfono.

Dos días más tarde estaba haciendo visitas hospitalarias a varios miembros de mi congregación que se encontraban en centros cercanos cuando recibí un mensaje clarísimo: «Ve a visitarle en el hospital». Riendo, dije en voz alta a quien fuera que me estuviese enviando este mensaje a mi mente: «Debes de haberme confundido con alguna persona muy santa». El mensaje se repitió: «¡Ve a verle ahora!». Esta vez fue muy enfático.

Bueno, a estas alturas de mi vida ya había aprendido a escuchar mis directrices internas y a seguirlas. De modo que conduje hasta aquél hospital, perdiéndome en el camino, a pesar de encontrarme a tan solo tres manzanas de distancia. Escuché y seguí. No dije que estuviera libre de resistencias.

Se encontraba en la Unidad Cardíaca de Cuidados Intensivos y una enfermera me llevó hasta su cubículo, pensando que yo era su pastora. Le pedí al Espíritu Santo que estuviese conmigo mientras abría lentamente la cortina y permanecía en el extremo final de su cama. El pobre hombre casi tuvo más problemas cardíacos ante la conmoción de verme después de tantos años y de tanto dolor. No dejaba de decir: «No puedo creer que hayas venido a verme. No puedo creer que hayas venido a verme».

Al mirarlo, vi que era un hombre muy enfermo. Me acerqué y tomé) su mano, tal como lo había hecho con los otros pacientes que había visitado aquella mañana. «Oh, Joan», dijo, «¿podrás perdonarme algún día?». Antes de que pudiera responder, continuó: «Fui tan mierda contigo. ¿Podrás perdonarme algún día?». En ese punto lo detuve y le pedí que por favor no hablase, que no necesitaba decir esas cosas. Me respondió: «Sí, necesito hacerlo, necesito pedir tu perdón después de todo lo que hice. Fui tan mierda contigo».

Le respondí: «Ya te he perdonado. No podría haber venido aquí si no lo hubiese hecho».

Pareció haberse quitado un peso de encima, y le pregunté si deseaba que rezásemos juntos. «Sí, muchísimo», respondió. Se encontraba en una cama inusualmente baja, y para poder tomar sus dos manos para rezar tuve que arrodillarme (¡Vaya si es extraño el sentido del humor de Dios!). Mientras rezábamos por la sanación de su corazón físico, supe que nuestros corazones interiores estaban siendo sanados en esos momentos.

Mientras rezaba, percibí una luz que brillaba con fuerza en aquél cubículo. Al abrir los ojos, vi que nosotros dos, él yaciendo en recuperación y yo arrodillada junto a este hombre al que solía temer y odiar, estábamos envueltos en una brillante luz dorada. No había ninguna ventana o luz de techo. La luz no se encontraba dentro de todo el espacio, sino que era como una neblina de algodón dulce entre nosotros dos.

En aquellos momentos supe que había perdonado por completo a mi ex-marido y él a mí. Habíamos experimentado un milagro.

Cuando perdonamos plenamente, la causa del disgusto deja de ser un impedimento en nuestras vidas. La situación puede o no cambiar en lo externo, pero ha cambiado y cambiado permanentemente en lo interno.

Esto no ocurre para nosotros con pasar el trapo una sola vez. Ahora, podrías ser la excepción, pero, por favor, recuerda el iceberg. El perdón es un proceso, no un acto solitario. Nuestros agravios están estratificados en muchas capas de nuestra psique, de nuestra mente consciente y subconsciente. Debemos, a través del perdón, limpiar a fondo hasta que hayamos despejado todas las capas. Esto supone un trabajo, especialmente en los primeros años de la práctica del perdón. Es una práctica, como aprender a tocar un instrumento musical o dominar el tablero de ajedrez. Recuerda, así como el dominio del piano y un concierto en el Carnegie Hall no llegan en una tarde, tampoco lo hace el perdón absoluto.

Una querida mujer, Brenda, pidió verme, diciendo que necesitaba algunas instrucciones para un proyecto en el que estaba trabajando ese fin de semana. Lo cierto es que me picó la curiosidad y, mientras se acomodaba, le pregunté de qué «proyecto» se trataba y cómo creía que yo podía ayudarla. Brenda empezó diciendo que tenía tres días completos sola sin sus hijos, los cuales estaban pasando un tiempo con su padre, su ex-marido. Ella iba a sacar provecho de esos tres días: su agenda estaba libre, ¡y ella iba a perdonar a su ex-marido durante el fin de semana! Permanecí un rato en silencio y luego le dije: «Quizás no lo he entendido bien. Repítamelo, ¿qué es lo que va a hacer durante los próximos tres días?».

«Bueno», dijo ella, «realmente he comprendido cuán importante es que perdone a mi ex y lo deje libre para su nueva vida y su nueva mujer. Mi enfado y mi rabia hacia él sólo me han hecho verdadero daño a mí, y no a él, y ahora comprendo esto. De modo que me voy a tomar los próximos tres días, sin niños, desconectar el teléfono y la TV, y voy a perdonarlo».

«Brenda, ¿cuánto tiempo estuviste casada?», inquirí.

«Diecisiete años, pero realmente se terminó después del cuarto o quinto año. Yo me limitaba a desear que la situación cambiara o que él cambiara. Supongo que permanecí ahí por los niños y porque tenía miedo de salir sola. Pero ahora que se ha ido, la vida es mucho más tranquila y estoy ganando muchísimo dinero, más que él, de modo que dejó de pagar la manutención de los niños. Dice que no se puede permitir pagarnos, y lo he amenazado de llevarlo a juicio para que pague».

«Brenda», intervine, «estuviste casada con este hombre durante diecisiete años, y tienes tres hijos adolescentes, él ahora se está casado y manteniendo a su nueva familia y no puede pagar la manutención de los hijos. Quizás esto te sorprenda, pero necesitarás más que un fin de semana de perdón para despejar esta energía. Esta situación se creó durante diecisiete años, y nunca he sabido ni oído que la pizarra se limpie en un par de días».

El perdón no es un arreglo rápido, pero es un proceso permanente, transformador de la vida. Perdonar es olvidar. Verdaderamente, ya no puedo recordar los detalles de los agravios del pasado. Cuando hemos terminado nuestro trabajo de perdón, nuestro recuerdo de la situación se desvanece. Si todavía puedes recordar todos los detalles sórdidos como una letanía, no has perdonado. No te engañes con la creencia del ego de que es posible perdonar y no olvidar. Eso no es el auténtico perdón. Eso es simplemente una maniobra del ego para impedir que la consciencia conozca la causa real del malestar. El perdón debe ser total, o tenemos más trabajo que hacer.

Cuando practicamos las lecciones de perdón, aprendemos a ver más allá del error desde el principio y entonces el error nunca más vuelve a afectarnos. Llegamos a ver que aquella persona a la que vemos como la responsable es en realidad un alma herida, no sanada, perdida y confundida. Sí, quizás esta alma confundida hiciera algunas cosas crueles, desconsideradas y carentes de amor, pero él o ella no comprendía el daño que estaba haciendo. Es como si una persona estuviese sonámbula o incluso totalmente dormida.

Liberar la energía negativa

Hasta que llegamos al despertar espiritual, estamos ciegos a nuestra auténtica valía y nuestro verdadero yo, y es posible que nos comportemos de una forma bastante enfermiza. Entonces, espiritualmente, se podría decir que dicho comportamiento es irreal, porque no tiene una realidad por voluntad propia y sólo es real en apariencia. En estos casos, cuando perdonamos, la energía pesada, densa, que se ha mantenido firmemente en torno a las situaciones, se retira, y la luz entra en nuestra consciencia.

El perdón es la liberación de todas las ilusiones. El perdón transforma nuestra visión y nos permite ver con claridad el mundo de paz, belleza y amor. Si deseas una vida en la que haya un orden de fácil fluir, relaciones amorosas y abundancia en todas las áreas, tu curso de acción es perdonar siempre y hacerlo lo más rápidamente posible.

Yo estudié con un maestro espiritual, Dennis Adams, quien más adelante se convirtió en mi amigo personal y siempre me enseñó que si puedes tomar una carga de energía negativa (una crítica, queja, dolor o disgusto) en tres segundos y liberarla instantáneamente hacia el Amor Divino, entonces el trabajo está hecho. Si esperas más de tres segundos, ya se habrá adherido a ti con sus pegajosos tentáculos, y necesitarás trabajar un poco para liberarte de ellos. Haz lo posible para perdonar con la mayor rapidez. Podría ahorrarte años de trabajo en el futuro.

Una sencilla técnica de perdón es afirmar el nombre de la persona con la frase: «Juan, te perdono, te bendigo, te dejo libre, te quiero, te libero». Memoriza esta afirmación, y cada vez que venga a tu mente un viejo pensamiento carente de perdón, repite la afirmación varias veces para dejar que el pensamiento se vaya.

Otra técnica de perdón efectiva consiste en ir a un lugar tranquilo, poner una cinta de meditación a bajo volumen y entrar suavemente en un estado de quietud. Visualízate rodeado o rodeada de muchas nubes grises, cada una de ellas representando un pensamiento, actitud o sentimiento carente de perdón. Haz que las nubes formen un grueso anillo en torno a ti.

Cuando puedas imaginar esto con claridad, entra en la imagen y empieza a empujar las nubes suavemente hacia afuera mientras avanzas hacia el centro, al cual te atrae una luz radiante. Mientras continúas desplazando las nubes, la luz del centro se vuelve cada vez más y más brillante. Ante este brillo intensificado, las nubes restantes se empiezan a disipar. Ahora te mueves libremente a través de las nubes de falta de perdón, y eres capaz de retirarlas con facilidad. Carecen de sustancia. Son como una niebla que se disuelve bajo el sol. Sólo son nubes. Las nubes no pueden detenerte.

Avanza entre las nubes hasta que entres totalmente en la luz. Luego permanece muy quieto y entra en una comunión sagrada con la luz, permitiéndole llenarte, a ti y a todo el espacio que antes ocupaban tus viejos pensamientos carentes de perdón. Continúa llenándote de luz. Inspírala y espírala profundamente, visualizando como te llena. Luego, simplemente descansa y quédate quieto durante un rato. Llénate. Sana. Permanece en paz. Sé libre.

Contempla honestamente las quejas y pensamientos carentes de perdón que te han mantenido dentro de los patrones negativos, repetitivos de tu vida. Pregúntate si deseas que entren en tu vida el malestar, la rabia, el odio, o la paz mental, una calma silenciosa y el amor.

La situación puede haber empezado cuando sólo tenías cuatro años y no tenías control, pero hoy sí tienes control. Hoy decides tú si deseas continuar viviendo como un niño (o niña) herido o vivir como un adulto con poder que está libre del pasado. Considera lo que deseas y recuerda: el perdón te lo ofrece. El perdón te ofrece todo lo que deseas y más.

9

Visualiza, reza, medita

Cuando era pequeña, Dios y el lado espiritual y religioso de la vida fueron siempre importantes para mí. En aquellos años formativos, sin embargo, tenía muy poco entendimiento de lo espiritual y una educación muy formal en lo religioso. A través de mi propio viaje espiritual personal he llegado a comprender la distinción. Lo religioso se enseña, mientras que lo espiritual se experimenta.

Lo religioso enseña lo que otras personas dicen acerca de Dios, de Buda, de Alá, de Jesús y de las escrituras. Es tener una comprensión aprendida de memoria de las escrituras sin ser, necesariamente, capaces de aplicar su mensaje interno a la propia vida de una manera personal.

El camino espiritual se experimenta alineándote con el orden superior del ser. Es alinear espíritu, alma y cuerpo con el Poder Superior. Es estudiar las Leyes Espirituales que yacen debajo de las enseñanzas de las grandes religiones y los líderes espirituales. Entonces uno aprende, crece y descubre más y más acerca de su propia naturaleza espiritual. Este es el camino que yo he venido a recorrer. Es lo que enseño.

El camino espiritual consiste en madurar a un nivel profundo, interior, asumiendo plena responsabilidad por cualquier cosa que aparezca en nuestras vidas. Tiene que ver con mantener los compromisos y rendirse al Poder Superior. Es aprender a escuchar al guía interior y tener fe para seguir dicha orientación. Es también confiar en ese mismo Espíritu para que guíe y dirija a nuestros seres queridos y a todos los demás. Tiene que ver con vivir con integridad y con que nuestro mundo sea un honor.

Transitar por el camino espiritual significa ser rápido para perdonar y lento para juzgar, buscar lo bueno y ser una bendición mediante tus pensamientos, palabras y acciones, a través la propia mirada de tus ojos. Es despertar de un sueño largo y profundo y reclamar tu herencia como hijo/a querido/a de Dios.

La Ley Espiritual de atracción afirma: Sé aquello que deseas atraer. Si deseas amor, sé amoroso. Si deseas compasión, sé compasivo. Si deseas bondad, sé bondadoso. Si deseas respeto, sé respetuoso.

En una ocasión, una muchacha que tenía muchos deseos de casarse fue a ver a Charles Fillmore, el co-fundador del movimiento *Unity*, y le pidió que rezaran juntos para que ella encontrase a su pareja perfecta. Después de considerar cuidadosamente su pedido, él le dijo: «Si deseas encontrar a la persona perfecta, debes convertirte en la persona perfecta». Cada uno de nosotros debe convertirse en aquello que desea atraer.

La lista

Debemos convertirnos en aquello que deseamos atraer. Con este pensamiento en mente, echemos una mirada a cómo crear una descripción de los atributos y características de tu pareja perfecta. Muchos expertos en las profesiones de ayuda argumentan que no existe tal cosa como una persona perfecta, y menos aún una pareja perfecta. Tu pareja perfecta es aquella que sería perfecta para ti. ¿No es curioso con cuanta fuerza argumentamos nuestra pequeñez, insistiendo en que aquello que deseamos es imposible de tener? Sí, existe una persona perfecta para ti. Eso no significa que nunca vaya a eructar, que nunca se vaya a enfadar, pero sí significa que vuestros propósitos del alma están alineados.

Para empezar este ejercicio, consigue una pluma y varias hojas de papel en blanco. Luego encuentra un lugar cómodo y relájate, poniéndote en contacto con tu conocimiento interior. Cuando te sientas realmente conectado, puedes empezar a escribir. Haz esta parte como una sesión de lluvia de ideas contigo mismo. Escribe aquello que sea importante para ti, y recuerda que es posible que lo que escribas en tu lista no sea en absoluto importante para otra persona.

Mi lista para David tenía cuarenta puntos, y me alegra decir que los encarna todos. Mi lista era algo así:

> Consciencia de Cristo, bueno, amoroso, cariñoso, sincero, generoso, fiel, de una edad compatible, refinado, inteligente, bien educado, sin cargas familiares, dieta similar, que no coma carne, gran sentido del humor, expresivo, le gusta viajar, signo solar compatible, personalidad alegre y animada, serio, entiende quien soy, honrado, disponible, le gusta divertirse, sano, sensual, sexy, me apoya y apoya mi trabajo, le gusta el arte, sabe qué tenedor usar, me busca, está preparado para comprometerse, con gustos exquisitos y dinero, intereses similares, estudiante activo de la verdad, sin problemas, emocionalmente sano, ha trabajado sus cosas, se preocupa por la gente, muestra su belleza, preparado para una relación sagrada, es fácil estar con él.

Puse mi lista en una ficha y, al mirarla, afirmaba: «Gracias, Dios, por manifestar ahora en mi vida a mi pareja perfecta». He enseñado esta técnica a miles de personas, y algunas me han contado que sus listas dieron como resultado que conocieran a su pareja perfecta en un tiempo tan breve como tres semanas. A mí me tomó más tiempo, pero recuerda que estamos trabajando en el tiempo universal en el cual es desenlace será perfecto.

Trabaja con esta lista durante el tiempo que sientas que es adecuado para ti. Haz cambios y correcciones, y cuando sientas que «la tienes», guarda la lista en un lugar sagrado. Puede ser tu Biblia o otro libro favorito de enseñanzas espirituales. Yo puse la mía en *Un Curso de Milagros*. Mira tu lista de tanto en tanto para asegurarte de que aquello que escribiste continúa siendo importante para ti. Está bien que la revises de tanto en tanto.

Es importante recordar que eres el equivalente de cualquier cosa que hayas escogido para tu lista. Si deseas bondad, debes ser bueno en todos tus encuentros. Si buscas ternura, lima cualquier aspereza. Si deseas ser tratado con generosidad, examínate: si estás contando las monedas, tienes un cierto trabajo que hacer.

Estoy segura de que me entiendes. Necesitas convertirte en aquello que deseas atraer. El hecho de que seas el equivalente atraerá hacia ti el deseo de tu corazón. Recuerda las palabras de Charles Fillmore y conviértete en la persona que buscas en tu pareja perfecta. Asegúrate de que cuando tu lista esté completa encarnes, o al menos estés trabajando para convertirte en aquello que deseas atraer. Recuerda, los iguales se atraen.

En un taller sobre almas gemelas que dirigimos David y yo por todo el país, en el cual solteros y parejas se unen durante un día de descubrimiento, sanación, clarificación, liberación, amor y alegría, uno de los participantes era Joanne, una mujer la cincuentena. Joanne contó que había estado felizmente casada durante más de treinta años y que hacía un mes había quedado viuda. Sabía que había estado casada con su alma gemela y sabía cómo era esa clase de amor. También sabía que debía haber alguna otra alma gemela para ella en algún lugar. Hizo su lista y rezó y afirmó para atraer a un nuevo compañero amoroso, dedicado, disponible con el cual se casaría y viviría en la dicha.

Joanne es una mujer increíble con una actitud positiva. Simplemente sabía que Dios no deseaba que ella estuviese sola durante el resto de su vida. Hizo su lista y en menos de dos meses conoció a su nuevo marido. Cuando la vi hace poco tiempo, me contó que acababan de celebrar su primer aniversario de boda y que eran muy felices. Ella honra el recuerdo de su primer amor y se deleita en su nuevo amor.

Ahora, no todo el mundo manifiesta a su ser amado con la rapidez con que lo hizo Joanne, pero si eres capaz de tener la misma apertura y certeza que ella tuvo, entonces sucederá.

El deseo de Dios para todos nosotros es que seamos felices. Si crees que vivir en una unión sagrada ayudaría a tu felicidad, la vida entera te apoyará para que realices el deseo de tu corazón. El carácter sagrado y la felicidad en nuestras relaciones se realizan a través del perdón, la creencia, la fe y la visión.

Visualización

Se ha escrito mucho sobre el poder de la visualización. Practicar el arte de la visualización es en realidad practicar ver como ve Dios. Él siempre ve el diseño perfecto, alberga la imagen perfecta. Es por esta razón que, después de hacer tu lista, es muy útil ajustarla hasta que realmente sientas que está en alineación con lo divino.

Cuando sientas que has alcanzado este punto, encuentra un momento y un lugar tranquilos donde nadie te moleste. Siéntate, relájate y respira hondo unas cuantas veces. Aquieta tu mente. Empieza a llenar tu corazón con el cálido resplandor del amor mientras llenas tu mente de luz, una luz brillante, clara, radiante.

Ahora imagínate que estás con tu amado o amada en alguna situación feliz, alegre. Hazlo hasta que puedas absorber la sensación de la otra persona y de vosotros dos juntos. Siente cómo sería la energía de vosotros dos juntos. Para lograr esto pueden ser necesarias unas cuantas sesiones de práctica antes de que empieces a sentir que tu energía llega más allá de tus márgenes y conecta con tu alma gemela.

Esta técnica de visualización consiste en pintar una imagen en tu mente consciente, así como en tu mente inconsciente. Los pensamientos que guardas en la mente producen resultados parecidos a ellos.

Cuando mantienes una imagen en la mente, a través de la visualización de lo que deseas, empiezas a darle vida a dicha imagen. Mediante la práctica, con el tiempo, dicha imagen se mueve desde el interior de tu mente hacia el interior de tu experiencia. En otras palabras, va de una imagen interna a una manifestación externa.

Cuando practicaba esto antes de llegar a conocer a David, tenía una certeza tan grande de que él también me estaba buscando, que sabía absolutamente cómo sería estar en su presencia. Cuando nos conocimos, reconocí inmediatamente su esencia espiritual y sentí una familiaridad con su sentimiento, pero tardé unos días en sentirme cómoda con su forma física. No estaba en sintonía con esa parte de él antes de nuestro encuentro.

Una pareja me contó una experiencia similar. La mujer había ido al aeropuerto a buscar a un ejecutivo que llegaba a la ciudad para una importante reunión. Mientras lo llevaba en su coche a la reunión, se detuvieron en un semáforo, y estaban sentados en silencio cuando, de repente, ella sintió una energía amorosa, cálida, que emanaba de él. Su «presencia» era exactamente la misma que había experimentado durante su oración matinal y su práctica de visualización.

Ella es una mujer francesa, menuda, encantadoramente graciosa, con un fuerte acento. Tal como ella cuenta la historia, se volvió lentamente y lo miró mientras él miraba hacia adelante. Lo miró de soslayo y luego volvió a mirarlo a hurtadillas. «No, ciertamente que no se parece a 'él'». Luego volvió a cerrar los ojos. «Pero, sin duda, siento que es él».

En los días siguientes, tuvieron varias oportunidades para hablar brevemente. Luego, en su última noche en la ciudad, él la invitó a cenar. Como suele decirse, el resto es historia. La versión de Joseph es que él supo al instante que Lydia era su alma gemela. Mientras miraba por la ventana durante su primer encuentro, él también estaba comprobando la energía de ella y supo que era la persona que había estado visualizando y por la que había estado rezando. Supo, por la sensación que le transmitió su esencia, que era ella.

La visualización funciona mejor cuando está unida a la oración. La oración es nuestra oportunidad de hablar con Dios. Yo no soy de oraciones formales. De hecho, me imagino que aburren a Dios tanto como me aburren a mí. Dios no necesita palabras como «vos» y «vuestro» y ese tipo de lenguaje remilgado. Dios no necesita nada. Nosotros necesitamos conocer a Dios y tener un sentido de su presencia. La retórica formal y las letanías no servirán para muchos de nosotros. Deberíamos utilizar el lenguaje con el que nos sentimos más cómodos. Siempre deberíamos sentirnos cómodos al rezar.

La oración

La oración es simplemente un modo de pedir algo. Necesitamos superar la idea que podemos tener de que la oración cambia a Dios. La oración nos cambia a nosotros. Dios no es un tipo grande que está en el cielo otorgando favores a unos pocos elegidos e ignorando al resto. Toda plegaria es respondida, pero no siempre oímos la respuesta, o no siempre nos gusta lo que oímos.

Rezamos «mal» cuando suplicamos a Dios, cuando negociamos y rogamos. En un momento u otro, todos hemos intentado hacer un trato con Dios. Tú haz esta cosa maravillosa por mí, Dios, concédeme este favor, y yo seré una mejor persona, no mentiré, no diré malas palabras, no comeré en exceso, o cualquier otro trato que estemos intentando hacer.

Dios no juega a «hagamos un trato» cósmico contigo. Dios te quiere y ya te ha dado todo; lo más importante: el libre albedrío que te permite ser y hacer cualquier cosa que desees ser y hacer. Lo que puede hacer la oración es ayudarte a reconocer que esto es así.

En Unity y en otros caminos espirituales/metafísicos, utilizamos la oración afirmativa. Afirmamos en voz alta o escribimos una afirmación positiva de la verdad que nos ayuda a alinear nuestra naturaleza personal con nuestra naturaleza espiritual. Esta oración afirmativa va desde un nivel individual hasta un nivel universal.

Una afirmación de Unity, «Sólo hay una presencia y un poder en mi vida y en el universo, Dios, el bien, omnipotente», es repetida por millones de personas todas las semanas. Es una oración para alinear nuestro pensamiento y nuestros sentimientos con la presencia y el poder de Dios, para recordarnos una vez más que Dios es el único poder.

Una afirmación personal que refleja el tema de esta libro sería: «Yo soy uno/a con el Amor Divino. El Amor Divino atrae ahora hacia mí lo que me pertenece». Utilicé esta afirmación mientras sanaba, perdonaba mi pasado y me preparaba para mi alma gemela. ¡La recomiendo muchísimo!

Debajo hay una lista de algunas afirmaciones estupendas. Recuerda, puedes afirmarlas simplemente, conscientemente, en voz alta o en silencio. O quizá prefieras escribirlas, o incluso escribirlas en un ordenador (asegúrate de no utilizar la orden de *Copy* en lugar de escribir la afirmación una y otra vez). Te sugiero que personalices cada una de ellas insertando tu propio nombre de pila.

Yo, _____, soy un ser espiritual, que vive en un universo espiritual, gobernado por la Ley Espiritual.
Yo, _____, soy amor.
Yo, _____, soy paz.
Yo, _____, perdono y soy libre.
Yo, _____, estoy sanando mi pasado ahora.
Cuanto yo, _____, más perdono y libero mi pasado, más feliz y libre soy.
Es seguro para mí, _____, vivir desde un lugar de amor.
Es seguro para mí, _____, amar.
Otras personas aman y apoyan con alegría mi nuevo yo.
Yo, _____, ahora atraigo a un hombre/una mujer bueno/a, amoroso/a y que me apoya.
Para mí, _____, es fácil amar.
Para mí, _____, es fácil perdonar.
Para mí, _____, es fácil sanar.
Para mí, _____, es fácil soltar el pasado.

No afirmamos para que algo se haga realidad. Afirmamos para recordarnos a nosotros mismos lo que es espiritualmente cierto. Recuerda, la afirmación coloca tus pensamientos y sentimientos en alineación con lo que es verdadero. Entonces puedes conseguirlo en el ámbito interior, y seguidamente lo atraerás en lo exterior.

Haz que esta práctica sea leve y alegre. Diviértete con ella. La Dra. Jean Houston me dijo en una ocasión que en Unity somos demasiado sosos en nuestras afirmaciones. Deberíamos bailarlas y cantarlas y soñarlas y hacer lo que podamos para integrarlas plenamente en nuestra consciencia.

¡Entra en ellas! ¡Deja que entren dentro de ti! Entonces tu oración afirmativa te alineará con tu bien más elevado y lo llevará a la expresión externa.

Una oración que David y yo hacemos a lo largo del día es la que aprendimos primero de un sanador espiritual y amigo nuestro, Dennis Adams: «Te quiero, Dios». Repetimos esta oración numerosas veces durante el día. Reza esta pequeña oración al despertar y justo antes de dormir. La gracia te envolverá durante todo el día, y tu sueño será más profundo y sereno. Afirmar «Te quiero, Dios» a lo largo del día hace que todo tu día sea una oración. Mantén a Dios en tu corazón y tu amor no podrá estar muy lejos. Mantén la consciencia de la presencia de Dios en tu corazón y ya eres uno con el amor. Recuerda, el amor atrae amor.

Una oración amorosa que puedes rezar primero para ti mismo y luego para los demás proviene de la tradición budista. Debe repetirse lentamente conscientemente, por la mañana y cada vez que tengas un momento de tranquilidad durante el día. Debe repetirse conscientemente una vez más al final del día mientras te vas a dormir serenamente. He aquí esta hermosa plegaria:

Que yo esté lleno/a de amorosa bondad.
Que yo esté bien.
Que yo esté tranquilo/a y me encuentre a gusto.
Que yo sea feliz.

Después de recitar esto para ti mismo durante por lo menos un mes, quizá desees enviar esta oración a otras personas:

Que tú estés lleno/a de amorosa bondad.
Que tú estés bien.
Que estés tranquilo/a y te encuentres a gusto.
Que seas feliz.

La práctica fiel de esta oración puede dar como resultado una permanente sensación de paz, de orden y de bienestar. Es una manera maravillosa de compartir un pensamiento bendito con aquellas con aquellas personas que amas o con alguien que tenga problemas.

En repetidas ocasiones, he visto respuestas milagrosas a la oración. La oración sí cambia las cosas en lo externo. Habla con Dios como hablarías con tu amigo más querido. Pídele ayuda cuando necesites ayuda. Afirma cuando necesites recordar quién eres verdaderamente y quién es Dios. Bendice a otras personas con amor cuando lo necesiten. Y recuerda dar las gracias cuando tus plegarias sean atendidas o incluso antes, sabiendo con certeza que serán atendidas. Escucha la respuesta. Confía en ella y pronto notarás que tus oraciones obtienen una respuesta con mucha rapidez. Como cualquier otra cosa, cuanto más atención prestamos, más reconoceremos las respuestas cuando aparezcan. Este proceso abre puertas y crea oportunidades y sanaciones que de otro modo no hubieran ocurrido. Con la plegaria determinamos nuestra vida entera al guardar amor en nuestros corazones.

Meditación

La meditación no es mejor que la oración, sino diferente. Yo empecé a meditar a diario hace más de veinte años. Toda la idea de la meditación simplemente resonó en mi alma.

En los setenta, mi hermano menor, Jim, y nuestro sacerdote estaban profundamente metidos en la meditación «biofeedback». En aquella época, era lo último en el terreno de la consciencia. Jim me había enseñado a meditar y me enganchó en sus dotes de "biofeedback". Con una gran rapidez, pasaba de un estado mental beta, dirigido exteriormente, a uno alfa, la consciencia centrada, y en uno o dos minutos entraba en las ondas cerebrales theta. Era capaz de hacerlo en ámbito de una clase y estaba acostumbrada a demostrar técnicas de meditación en charlas y presentaciones de conferencias. La meditación se convirtió en algo muy natural para mí. Me proporcionaba una calma y una paz que nunca antes había conocido. Así fue como me mantuve en funcionamiento en épocas de confusión y conflicto.

Si la plegaria es hablar con Dios, se podría decir que la meditación es el momento en que Dios puede respondernos. La meditación es escuchar a Dios.

En la meditación la idea es aclarar tus pensamientos y, por ende, tu mente, de una forma tan completa que entras en una esfera más profunda del ser. Para la mayoría de las personas, esto requiere de años de práctica diaria. En la pared de mi despacho, delante de mi mesa de escritorio, hay una ampliación de un aviso de una revista que dice: «En 28 minutos habrá meditado como un monje zen». Cada vez que lo veo, me río. Esa es la mentalidad americana de la velocidad. Queremos algo y lo queremos ahora. Los monjes zen meditan entre cuatro y ocho horas al día, siete días a la semana, durante todas sus vidas. Difícilmente podemos lograr un estado de consciencia similar en veintiocho minutos.

Meditar significa tomarte el tiempo para limpiar el desorden y centrarte en tu esencia. Es como un bálsamo sanador que cae suavemente sobre tu alma. La meditación refresca y renueva tu mente y tu cuerpo. Te proporcionará una percepción y una dirección claras y también vitalidad y brillo. Las personas que meditan con regularidad desarrollan un resplandor que es inconfundible.

En el otoño de 1991, el Dalai Lama se encontraba en la ciudad de Nueva York presentando un programa de ocho días al que tuve la suerte de asistir. Mientras Su Santidad hablaba sobre la meditación, recomendó a los asistentes que dedicaran cuatro horas al día a ella. ¡Cuatro horas! Se pudo oír a la multitud dar un grito ahogado.

Bueno, he de admitir que nunca he llegado a cuatro, pero ese día me comprometí a hacerlo dos horas al día. Hasta ese momento, mis meditaciones diarias eran de entre treinta y cuarenta minutos y me parecía que eso estaba bastante bien.

Ahora hago dos horas al día, levantándome muy temprano por la mañana, normalmente entre las cuatro y media y las cinco, siempre antes de las seis, y justo antes del amanecer medito durante sesenta y setenta y cinco minutos. En otro momento del día, o al caer la noche, medito el tiempo restante, normalmente en una sesión, a veces en dos.

Lo que he ganado con estas meditaciones ampliadas es el movimiento hacia niveles de consciencia que antes de este compromiso no había siquiera imaginado. Es un tiempo valioso para mí. Alimenta mi alma y nutre mi espíritu. No puedo subrayar lo suficiente que veo la meditación diaria como la cosa más grande que uno puede hacer por sí mismo. La meditación te permite concentrarte en lo que es valioso y lo que merece tu tiempo y tu atención. El resto no es valioso y necesita que lo liberes. En este mundo, gran parte de nuestro tiempo se llena con tonterías. No permitas que tu ego te convenza de que no tienes tiempo para rezar y meditar.

Cuando era una joven mujer casada, el primer coche que fue verdaderamente mío fue un Triumph. Yo vivía en Virginia Beach y solía conducir con las ventanas abiertas y el pelo al viento. Consideraba que estaba bastante bien. Mis pies eran de plomo y siempre tenía prisa. Una tarde, me detuve chirriando y por poco me incrusto en el coche que estaba detenido en el semáforo, delante de mí. Mientras permanecía sentada ahí, impaciente, leí la pegatina del parachoques, que me estaba mirando: «Si estás demasiado ocupado para rezar, estás demasiado ocupado».

Esa pequeña pegatina del parachoques cambió mi vida. Fue una de esos despertadores cósmicos. Empecé a reducir la velocidad, no sólo al conducir, sino en mi vida.

Quizás todavía pienses que estás demasiado ocupado. Fíjate en cuántas horas al día miras la tele, hablas por teléfono sobre nada, o te dedicas al chismorreo o a actividades fútiles. Todos tenemos tiempo, pero no todos elegimos utilizar nuestro tiempo para conectar con nuestra esencia. Si la meditación es algo nuevo para ti, no te sugiero que intentes dedicarle cuatro horas. Quince minutos dos veces al día es excelente para empezar.

A través de los siglos, se ha enseñado que las horas tranquilas, anteriores al amanecer son las mejores para meditar. La razón de esto no es difícil de hallar: la actividad frenética del día aún no ha empezado; la energía de la tierra está tranquila. Si no puedes soportar la idea de levantarte tan temprano, elige otra hora cuando puedas estar durante veinte minutos sin ser molestado. Una cinta o CD de meditación con la que no estés familiarizado puede ser de gran ayuda.

Siéntate en una silla o en el suelo. Si te sientas en la cama, aumentas en gran medida las probabilidades de volverte a dormir. Si eliges una silla, apoya los pies en el suelo y, tanto si estás en una silla como si estás en el suelo, mantén la columna vertebral recta pero relajada, y cierra suavemente los ojos.

Respira profunda, larga y lentamente varias veces, prestando especial atención a la espiración. Esto te ayudará a dejarte ir, a soltarte y a relajarte. La mayoría de los adultos necesitamos volver a aprender a respirar. Muchos de nosotros nos hemos convertido en personas que respiran de un modo superficial, con la parte superior del pecho, utilizando sólo una pequeña porción de nuestra capacidad pulmonar.

Después del ejercicio de respiración profunda, empieza a relajar tu cuerpo, empezando por tu cabeza y terminando en las plantas de los pies. Inspira plenamente, profundamente, y visualiza que el aire llena tu cabeza, tu cerebro y tu frente. Espira y piensa: *Relájate*. Luego, libera conscientemente la tensión que has mantenido dentro y alrededor de tu cabeza. Hazlo varias veces y luego baja hasta el cuello.

Respira profundamente, e inclina suavemente el lado derecho de tu cabeza hasta que tu oreja derecha llegue hasta tu hombro derecho, o se acerque a él. Respira. Piensa: *Relájate*. Siente cómo se libera la tensión. Repítelo mientras inclinas el lado izquierdo de la cabeza hacia tu hombro izquierdo. Respira. Continúa desplazando esta sensación cada vez mayor de liberación y relajación hacia abajo, a través de tu hombro. Respira. Baja por la columna, fluyendo a través de la espalda y a través de la cavidad pectoral. Imagina que estás relajando tus órganos internos. Cuando llegues a cada grupo de músculos, ténsalos durante tres segundos, luego relájalos totalmente.

Continúa con la respiración profunda y la técnica de relajación mientras vas descendiendo por el cuerpo, pasando por las piernas y por los pies, y concluye dejando salir toda la tensión por las plantas de los pies. Deja que todo el estrés, la tirantez y la tensión fluyan hacia afuera durante este proceso meditativo. Cuando te hayas relajado por completo, limítate a observar tus pensamientos y, en cada uno de ellos, afirma: «Paz, quédate quieto/a». Hazlo hasta que te sientas muy tranquilo.

Intenta limitarte a existir durante varios minutos, sin que ningún pensamiento altere tu paz. A medida que te vayas acostumbrando a sentarte, permanecer quieto y entrar en un estado meditativo, este período sin pensamientos se alargará de un modo natural.

Otra técnica de meditación consiste en elegir una afirmación y utilizarla como mantra para entrar y salir del estado meditativo. Empieza con una de las afirmaciones simples y breves, como «Yo soy paz».

Una vez más, encuentra una postura cómoda en un lugar en el que no serás molestado. Cierra los ojos, inspira profundamente, y espira lentamente, por completo. Después de varias repeticiones de esta respiración profunda, afirma en silencio al inspirar, «Yo soy», y luego quédate quieto y permanece en esa afirmación durante un momento. A continuación, espira lentamente, y afirma en silencio: «Paz».

Inspira: «Yo soy».
Espira: «Paz».
Entra más profundamente en la quietud.
Inspira: «Yo soy».
Espira: «Paz».

Continúa con estas repeticiones tanto tiempo como puedas permanecer concentrado en ellas. Con la práctica, serás capaz de utilizar este proceso para entrar en un estado meditativo en el cual podrás permanecer el tiempo que quieras. Entonces, cuando sientas que es hora de regresar del estado meditativo, empieza a respirar profundamente otra vez con «Yo soy» en la inspiración y "Paz" en la espiración. Deja que la repetición renovada de la afirmación te haga salir suavemente de la meditación. Cuando te sientas completo, abre lentamente los ojos y empieza tu día estando centrado, sereno y despejado.

Esto es no es más que un simple comienzo. Existen muchos maestros, libros y programas excelentes sobre la meditación. A medida que vayas entrando más en la práctica y empieces a obtener sus beneficios, quizás desees tomar una clase de meditación o estudiar más a fondo por tu cuenta. Puedes ponerte en contacto con alguna iglesia de Unity en tu zona para ver qué sesiones o clases de meditación te ofrecen.

A través de la visualización, la oración y la meditación, estás refinando tu vibración. Estás acercándote a la armonía con el fluir siempre constante de la unicidad universal.

Estas prácticas no sólo te acercan a Dios, también te proporcionan paz, tranquilidad, y una certeza sobre toda la vida. Estos son, definitivamente, atributos que hacen de ti una persona atractiva y altamente deseable. Estas prácticas llevan tu santidad a tu consciencia; sanan tu relación con Dios.

Invertir en estas prácticas significará dedicar a diario una porción de tu tiempo a tu vida espiritual. Significará que ser más disciplinado que nunca. Y que recibirás unas bendiciones que aún no has llegado a imaginar. Tu alma está siendo sanada.

Invierte en ti mismo o en ti misma y los milagros se convertirán en algo natural para ti y te verás rodeado de amor.

10

Elevarse en el amor

Ahora compartiré contigo el mensaje de mi corazón. Mi deseo es que conecte con ese lugar de tu corazón en el cual compartimos el «conocimiento».

Elevarse en el amor es una lección de la cual sé muchísimo porque he *caído en el amor*[1] muchas veces. Escucha, oye estas palabras: caer en el amor. ¿Qué tipo de imágenes evoca la palabra «caer» para ti? ¿Existe en realidad un nivel de nuestro ser en el que siempre hemos sabido que caer no es la dirección adecuada en el amor? Caer para ser menos de lo que eres, para que tu pareja pueda ser inflada. Caer en consciencia. Caer en un comportamiento disfuncional. Caer en el dolor y el sufrimiento. Caer en que tu vida no funcione.

En mis épocas de «enamoramiento», creía que si me esforzaba lo suficiente, si me sacrificaba más, funcionaría, tendría la sensación de que aquello era amor. ¿Cuántas veces has hecho esto tu también? ¿Cuántas veces has caído en una relación "especial", no sagrada, y has llamado a eso amor? Creamos estas relaciones supuestamente «amorosas» y en ellas hay de todo menos amor.

---

1 N. *de la* T. En inglés, *to fall in love*, «caer en el amor», significa enamorarse.

Las palabras *caer en el amor* tienen unas connotaciones muy románticas. El poeta le escribe versos a su misterio; el artista mezcla pinturas sobre su lienzo para capturar la sensación; el cantautor compone melodías alabando sus alegrías: y todo es dolor. Te pido que escuches estas palabras como si las oyeras por primera vez: *caer en el amor*. Quizás lo que estamos diciendo en realidad no es que estés cayendo en el amor, sino que estás dejándote caer en consciencia. Estás dejándote caer en el fingir y conformarse. Estás dejándote caer en el sacrificio de algunas partes de ti mismo o de ti misma en un intento de hacer que la relación funcione.

Creo firmemente que necesitamos transformar nuestro lenguaje, nuestros conceptos y nuestra consciencia en relación al amor. Cuando subconscientemente nos decimos a nosotros mismos que estamos cayendo en el amor, la experiencia entera está condenada al fracaso. Siempre que renunciamos a una parte de nosotros mismos en un intento de aferrarnos al amor, no sólo nos sentimos engañados, sino también enfadados y culpables. Cuando la perfección inicial empieza a desvanecerse y vislumbramos hacia dónde nos estamos dirigiendo ciegamente una vez más, el botón de *Play* de nuestra grabadora interior es presionado y empezamos una repetición interior que es algo así: «Lo he vuelto a hacer, lo he vuelto a hacer», o «El amor nunca funcionará para mí». Y seguimos adelante. La afirmación negativa se convierte en nuestro mantra que recitamos una y otra vez.

Los sufís tienen un nombre para este mantra interior. Se llama *zikr* (se pronuncia «zicker»). Ahora, un *zikr* es una herramienta *positiva* de repetición para despertarnos a niveles de consciencia más profundos y llegar a unirnos con nuestro amado o amada. Nosotros hemos creado lo que yo llamo un «*zikr* negativo», en el cual nuestro diálogo interno se queda atascado: «Nunca lo lograré. Nunca seré feliz. Siempre me suceden este tipo de cosas. Estoy demasiado viejo/a». Esto último lo repetí para mí misma, ¡cuando tenía poco más de treinta años!

Estos *zikrs* negativos son cualquier cosa menos amorosos y compasivos. Son una manera de continuar internalizando el dolor y de hacerte aún más daño. Te mantienen atascado en un viejo patrón a través del refuerzo constante. Piensa en qué tipo de *zikr* negativo has estado dirigiendo en el interior de tu cabeza acerca de las relaciones: *Nadie me entiende. Nunca encontraré lo que deseo. Es demasiado tarde para mí. Un poco de atención es mejor que nada.*

¿Cuáles han sido tus mantras? Escríbelos a medida que vayan llegando a tu mente, y más adelante, en este capítulo, te proporcionaré un ejercicio para exorcizarlos.

El sufismo enseña un concepto muy distinto y hermoso del amor. Los sufís no ven el amor como algo en lo que uno cae, sino como algo hacia lo que tu alma se eleva. En ese elevarse, la unión de lo amado con el Amado o Amada es tal, que las restricciones y las barreras cotidianas a la entrada del amor se convierten en nada, como nubes que son fácilmente penetradas por el brillo de la presencia del amor. Los sufís hablan de una unión que rara vez se encuentra en nuestra literatura o tradición occidental, y la experimentan.

La tradición sufí enseña que la dicha pura puede ser alcanzada en esta unión sagrada con el Amado (o la Amada) del Alma. El Amado podría traducirse como el Cristo de los metafísicos cristianos: no Jesús en tu alma, sino llevar la misma semilla divina que Él llevó, y elevarte en consciencia hasta una altura tal, que entonces puedas entrar en comunión con tu Amado/a. Conocer al Amado/a del Alma hace que el amor salga de la esfera de la posibilidad y entre en una conexión, un conocimiento, un avivamiento de tu corazón que es a la vez asombroso, seductor y divino. El Amado o la Amada no lleva a tu consciencia lo que es, sino lo que podría ser. El Amado o Amada es la pieza de Dios que hay en ti que ha estado esperando pacientemente a que despertaras, que reconocieras su presencia y te elevaras hacia este abrazo divino. Descubrir al Amado o la Amada que siempre ha estado ahí es un encuentro que no es de este mundo. Has de experimentarlo personalmente para creer lo increíble que es esta unión. El Amado o la Amada del Alma está ahí, dentro de ti, siempre ha estado contigo, nunca te abandonará, sabe quién eres en toda tu gloria, te apoya para que te conviertas en la plena expresión de tu esencia interior y se deleita al hacerlo.

Tu Amado o Amada está esperando ahora para enseñarte los misterios del corazón. Para contactar con el Amado o la Amada, debes mover tu enfoque lejos del *zikr* negativo y llevar la atención hacia arriba.

Exorcizar el *zikr* negativo

Miremos ahora en mayor profundidad cuál ha sido tu zikr negativo en cuanto a las relaciones. Consigue un block de papel y un lápiz o una pluma. Siéntate en silencio, lleva tu atención hacia adentro, y escucha tu mantra. Escribe esas afirmaciones negativas, una en cada página.

Ahora lo que vamos a hacer con estas frases es reescribirlas, convirtiendo cada vieja frase negativa en una afirmación positiva. Luego trabajarás con la afirmación hasta que sepas absolutamente, desde tu alma hasta los dedos de tus pies, que es verdad.

He aquí algunos ejemplos de *zikrs* negativos que podrías haber repetido y que hicieron estragos en tu vida personal y profesional:

Es demasiado tarde. Soy demasiado viejo/a. Las cosas nunca salen bien para mí. ¿Qué puede uno esperar?

Tomémoslas y transformémoslas en frases o afirmaciones positivas:

«Es demasiado tarde... Es demasiado tarde... Es demasiado tarde», dice tu mantra una y otra vez, pero ahora lo trasformamos en: «Las cosas en mi vida siempre suceden en el momento perfecto». «¿Qué puede uno esperar?» se transforma en «Espero y consigo sólo lo mejor».

Créeme, cuando escribas estas afirmaciones por primera vez, (1) probablemente no te las creerás y (2) pensarás que son ridículas. A mí, ciertamente, a mí me sucedió. Pero me habían dicho que esto me ayudaría a salir de la montaña rusa de relaciones fracasadas, de modo que estaba dispuesta a probarlo. Espero que tú también lo estés.

Mientras continúas limpiando a niveles cada vez más profundos, el *zikr* negativo deja de repetirse. Entonces puedes empezar a reforzar la verdad del pensamiento transformador afirmando o repitiéndolo una y otra vez. Hacerlo lleva el conocimiento de su verdad y su sabiduría desde tu alma hacia la experiencia real. Te hace subir en espiral un nivel más en tu elevación hacia el amor.

El gran poeta y místico sufí del siglo XII llamado Rumi conocía las maravillas de la unión con la Amada o el Amado. Él escribió extensamente acerca de este encuentro con la Amada y el éxtasis que proporciona:

En cuanto oí mi primera historia de amor
Empecé a buscarte, sin saber cuán ciego estaba.
Los amantes no se encuentran finalmente en algún lugar.
Han estado siempre el uno en el otro.
Durante el día cantaba contigo.
Por la noche dormía en la misma cama.
No era consciente del día o de la noche.
Creía saber quién era, pero yo era tú.

Al despejar los *zikrs* negativos, puedes empezar a elevarte en el amor para reunirte con el Amado o la Amada del Alma. Entonces siempre serás consciente de la presencia del amor. El apoyo del Amado o la Amada estará siempre contigo. Nunca más volverás a sentirte solo o sola.

El Amado o la Amada conoce tu perfección, te contempla como Dios te creó, y siempre atraviesa con la mirada las imperfecciones de tu perfección interna. Él, o ella, te apoya para que te conozcas tal como el Amado o la Amada te conoce. No es pedirle demasiado a la vida que te apoye a este nivel. Cualquier cosa que sea menos es pedir y aceptar demasiado poco. No le estás pidiendo demasiado a la vida, sino demasiado poco.

Tú también puedes tener la visión más elevada, elevarte en el amor, nunca más volver a caer en el ser menos de lo que realmente eres, nunca más caer en una relación especial, sino elevarte hacia una relación sagrada. Cuando mires en tu interior y encuentres al Amado o Amada de tu Alma, habrás descubierto verdaderamente la presencia del amor.

Elevarte para reunirte con el Amado o la Amada es una forma de conocer el amor sin la interferencia del cuerpo. Es un modo de evitar el contacto con el ego. Tú eres (siempre lo has sido) el anfitrión del Amado o la Amada, y tu encantador/a invitado/a está esperando pacientemente tu bienvenida. En tu acción de elevarte, en esos precisos instantes, la esencia del Amado o la Amada es atraída hacia tu corazón y el amor es atraído hacia sí mismo.

Conocer al Amado o la Amada es conocer el amor completamente. Una vez que lo conozcas así, nunca más estarás satisfecho con una relación "especial", ni permanecerás mucho tiempo en una relación no sagrada. Cuando conoces el amor de una forma tan completa, hay un deseo natural de extender amor y compartir con otra persona a este nivel profundo de dicha. Cuando tú mismo lo conoces, en tu interior, entonces puedes darlo. Puedes dar tu plenitud, en lugar de intentar dar tu vacío y limitándote a vaciar aún más tu almacén. Ahora eres una persona sagrada, ya no eres una persona llena de huecos.

Dar hasta que no te queda nada no es sagrado, es una locura. El amor nunca pide sacrificio, pero el ego siempre lo hace. Si crees que el sacrificio es amor, entonces debes aprender que el sacrificio es en realidad la separación del amor. Nuestra confusión de sacrificio con amor ha sido tan profunda que no podemos concebir el amor sin sacrificio. Al elevarnos en el amor, también lo hace nuestra comprensión de lo que es el amor. Solo entonces llegamos a saber que el sacrificio es ataque y no amor. El sacrificio dentro de una relación, tu sacrificio o el de tu pareja, es en realidad un intento de controlar a la otra persona. «Después de todo lo que he hecho por ti, a lo que he renunciado por ti, y ahora tú _____». Sé que sabes cómo rellenar el espacio. Probablemente ya lo habías oído antes, pensado antes, quizás incluso lo hayas dicho.

Cuando amas desde tu plenitud, no tienes que ser menos para que la otra persona pueda ser más. Cada uno logra ser una luz radiante, resplandeciente, incrementando así la magnitud de ambos.

Una tira cómica del *New Yorker* que recorté y guardé representa a dos mujeres que se encuentran en una esquina. La primera mujer le dice a la segunda: «¡Dios santo, Gladys, no has cambiado en más de cuarenta años!». Y Gladys no había cambiado. Parecía recién salida de una película de la Segunda Guerra Mundial. Parecía una guardia auxiliar de 1944, con el pelo con rulos, zapatos de plataforma y enormes cejas. Que te digan que no has cambiado en cuarenta años, o en veinte, o en diez, *no* es un cumplido. El amor te cambia. El amor permite que tu belleza interior salga a la luz. Hace que tu grandeza interior emerja y brille a través de ti. Hasta que no conozcas realmente el amor, por ti mismo, los demás no podrán verlo ni compartirlo. Una vez que lo hagas, no podrás contenerlo.

Al elevarte en el amor, llegas a amar la vida de una forma tan absoluta que los demás se sienten naturalmente atraídos hacia ti, disfrutan estando contigo. Es como si hubieses descubierto un secreto maravilloso, oculto desde mucho tiempo atrás, y ahora pudieses contarle al mundo sus beneficios. Todo el mundo desea saber lo que es. Las estrellas empiezan a moverse literalmente por ti mientras tú te elevas hacia una nueva, aunque antigua, comprensión del amor.

Debemos transformar nuestro concepto de estar enamorados de caer a elevarnos, permitiendo que el amor no sólo nos llene, sino también nos eleve a nuevas alturas de éxtasis y dicha. Cuando nos elevamos en el amor, todo nuestro campo de energía (cuerpo, alma, espíritu) asciende para entrar en una unión sagrada con el Amado o la Amada.

Este cambio radical de caer a elevarnos empieza a tener lugar cuando reconocemos dónde hemos estado con tanta frecuencia en relación al amor: ¡en el punto más bajo! Entonces podemos empezar a transformar nuestras percepciones, dejando de ver al amor como algo que nos sucede, con lo que tropezamos, y llegando a ver el amor como aquello que ya somos. Este amor fluye eternamente dentro de nosotros y a través de nosotros, y cada uno de nosotros tiene el poder de dirigir este fluir hacia arriba.

Existen muchas técnicas para preparar tu corazón para que despierte a estas profundidades. Una que puedes practicar fácilmente estando sólo o sola proviene de la tradición sufí, que aprendí cuando estudiaba con la Dra. Jean Houston. Siéntate en una posición cómoda, con la columna recta, y coloca una silla vacía delante de ti. Pon una cinta de música suave, meditativa. Mi melodía favorita para este ejercicio es *Fairy Ring* de Mike Rowland.

La mayoría de nosotros hemos aprendido a construir una fortaleza en torno a nuestros corazones. Esta técnica, que es el uso adecuado de un *zikr* , nos permite relajarnos y que los muros de la fortaleza se desmoronen. Cuando se realiza correctamente, este *zikr* te conduce a una unión sagrada con el Amante Divino o la Amada. Es una experiencia increíble.

Necesitarás un modo de llevar la cuenta de treinta y tres exhalaciones. Puedes usar un rosario, si lo tienes. He descubierto que los dedos sirven igual de bien; sólo tienes que concentrarte un poquito más. Lo que harás durante este ejercicio es respirar profundamente treinta y tres veces y visualizar la respiración penetrando en tu centro del corazón (en el centro del pecho, justo a la derecha de tu corazón). Con cada espiración, emitirás tres veces el profundo sonido resonante «hmmmmmmm». Además, golpeas suavemente tu centro del corazón con cada espiración.

Inspira lenta y plenamente, y espira con el sonido de «hmmmmmm, hmmmmmm, hmmmmmm», mientras golpeas tu pecho tres o más veces. Repite el ciclo treinta y tres veces. A medida que avanzas, quizás experimentes una sensación de zumbido en la cabeza, el pecho o el cuerpo. No te asustes. Esto es muy bueno. La energía está empezando a ser avivada y a fluir. Tómate tu tiempo durante las treinta y tres repeticiones. Cuando hayas terminado, siéntate en silencio y visualiza al Amado, o Amada, llegando a ti a través del llamado de esta práctica espiritual. Invita al Amado o Amada a sentarse delante de ti en una silla vacía.

Ahora, tu corazón está abierto y puedes enviar, fácilmente, amor desde tu corazón hacia el corazón de tu Amado o Amada. En ese mismo momento, puedes visualizar a tu Amado o Amada enviando tu amor hacia tu corazón. Permanece muy quieto, o quieta, durante esta parte y sentirás la dulzura del amor divino, sagrado.

Esto puede requerir de varias prácticas, hasta que te seas plenamente consciente de la dicha que está disponible para cada uno de nosotros. Una vez que lo has hecho, caer en el amor no volverá a ser jamás la dirección de tu viaje cuando experimentes el amor. Pues ahora conoces el misterio del corazón, la única dirección es hacia arriba.

Rumi escribió: «El amor no es sólo la sedienta búsqueda de agua, sino el agua que busca al sediento». Aquello que buscas te está buscando también a ti. Aquello que has estado buscando todo el tiempo es amor. Entretanto, el amor en su maravilla ha estado buscándote. Elévate ahora hacia el ideal. Elévate hacia lo posible. Eleva tu consciencia. Elévate hacia la realización del amor y llega a amarte a ti mismo y a amar tu nueva vida con el Amado o la Amada.

Cuando estudiaba con la Dra. Jean Houston, cuya mentora había sido Margaret Meade, ella solía narrar la historia de las visitas de la Dtra. Meade a su casa. Dondequiera que Margaret

Meade se encontrase, siempre parecía haber una fiesta, incluso cuando era la única persona en la habitación. Tenía un ritual matinal de lo más extraño. Se levantaba antes que nadie n la casa y, a l salir de la cama, golpeaba un pie y luego el otro contra el suelo, haciendo mucho ruido. Luego, con toda la fuerza de su enorme voz, gritaba: «¡Gracias a Dios, soy Margaret Meade!». Y así, todos los habitantes de la casa era despertados cada mañana.

Con frecuencia, en los talleres, hago que los participantes vuelvan a representar este ritual con sus propios nombres. En diversas ocasiones, la gente se mete tanto en el papel que grita: «¡Gracias a Dios, soy Margaret Meade!». «¡No, no, tú eres tú!», les respondo a gritos.

Haz este ejercicio ahora, si así lo deseas, o mejor aún, cuando tus pies toquen el suelo por la mañana. Grita: «¡Gracias a Dios, soy _____!». Si puedes hacerlo con sentimiento y con alegría y realmente lo dices en serio, te habrás elevado en espiral un nivel más hacia el amor. Margaret Mead, evidentemente, amaba su vida y su trabajo. Tú puedes experimentar lo mismo e incluso más. Le doy las gracias a Dios por que tú seas tú, elevándote ahora hacia el amor.

El amado o la amada del alma con la piel puesta

«Está bien, Dios, lo que ahora deseo es conocer al Amado (o Amada) del Alma con la Piel Puesta». Aprendemos a reconocer nuestros problemas. Aprendemos a perdonar, a pasar de lo especial a lo sagrado. Aprendemos a amarnos a nosotros mismos y a los demás de una forma incondicional. Luego aprendemos a elevarnos en el amor. Llegamos a encontrarnos con el Amado o la Amada, y todavía queremos más. ¡Sí! Encontrarnos con nuestro equivalente divino es un deseo que la mayoría de nosotros alberga.

La relación sagrada es una de las maneras en que Dios cambia nuestros sueños de miedo en sueños felices. Los sueños felices se hacen realidad, no porque sean sueños, sino porque son verdaderos.

La realidad espiritual es amar a tu hermano o hermana como a ti mismo. En una relación sagrada, primero hemos aprendido a amarnos verdaderamente a nosotros mismos y luego a amar a nuestra pareja como nos amamos a nosotros mismos. Esta es una actividad bendita.

La razón por la cual estamos en este planeta, experimentando nuestras vidas individuales, es para amarnos los unos a los otros. La relación sagrada es el medio para hacerlo. Nuestras almas lo saben, y nuestras almas han estado orquestando este encuentro con nuestro Amado o Amada con la Piel Puesta. ¡Pero hemos tardado tanto en dejar de estropear el plan! Necesitamos renunciar a nuestro plan de pequeñeces para dar paso al grandioso plan de Dios. Hazte a un lado y deja que entre Dios. Una oración grande y sencilla para mantener esto en la mente es: «Me hago a un lado y dejo que Él me muestre el camino» (o quizás desees decir Ella).

Dios ya te está mostrando el camino hacia tu Amado/a con la Piel Puesta, tu alma gemela; aquella persona con la cual puedes compartir tu vida con amor, honor, respeto y alegría; la persona con la cual puedes divertirte, pensar en armonía, y vivir en la paz, la armonía y el amor.

Es posible. Pregúntale a tu alma. Escucha a la sabiduría, el conocimiento, que proviene del interior. Si habla de amor, incondicionalmente, proviene de Dios. Si habla de miedo y separación y cariño condicional, es que el ego ha regresado.

Hacemos que todo aquello que debería resultarnos natural y fácil no sólo nos resulte duro y difícil, sino casi imposible. Empecemos a dejarlo ser. Permítete abrirte al maravilloso plan de Dios. Permítete ser feliz. Has de saber que te lo mereces. Es correcto hacer manifiesto que sabes en lo más profundo de tu alma que es posible. Este es el ideal que puedes conseguir, tanto si actualmente tienes una relación como si no.

Si actualmente tienes una relación y realmente quieres a tu pareja y deseas que la relación continúe, empieza ahora mismo a tratar a tu pareja como lo que es: un valioso tesoro de Dios. ¿Cómo tratarías a un recién nacido? ¿Cómo tratarías al presidente y a la primera dama si vinieran a cenar a tu casa, o a Julia Child si te invitara a almorzar con ella, o a Su Santidad el Dalai Lama si tuvieras el privilegio de que te invitara a meditar con él?

¿Cómo tratarías a estas personas? ¿Mejor de lo que estás tratando a tu pareja ahora mismo? Si es así, pregúntate por qué es así. ¿Por qué habrías de extender una mayor delicadeza y amabilidad a un extraño que a tu esposo/a o pareja? Lo hacemos, y cuando salimos del piloto automático y observamos nuestro comportamiento, es bastante extraño. Trata a la persona con la que estás como si fuese el tesoro más valioso del planeta y te sorprenderá cómo cambiáis tu pareja, tu relación y tú.

Conocí a una pareja que había estado casada durante varios años y vivía en una relación con mucha actividad del ego. La llama de su amor había disminuido hasta convertirse en un débil rescoldo. Para su decimotercer aniversario, sus hijos les regalaron un viaje a Hawai, donde se los oyó llegara a un mutuo acuerdo estando sentados en la playa: «La belleza de este sitio me conmueve, acordemos entregar las armas mientras estamos aquí y *simular* que estamos enamorados». Hazlo con tu actual persona significativa y verás lo que sucede. La vida de esta pareja cambió.

Reavivaron esa llama del amor que habían sentido el uno por el otro mucho tiempo atrás. Se hablaron con amabilidad. Se escucharon el uno al otro. Disfrutaron de actividades juntos y se proporcionaron espacio para dedicarlo a los propios intereses. Un día, él se iba a hacer pesca submarina mientras ella disfrutaba del día jugando al bridge con nuevos amigos. Tuvieron una vacaciones maravillosas, volvieron a ver aquello que les había atraído del otro y regresaron a casa decididos a permanecer en este espacio amoroso.

No puedes amar a otra persona incondicionalmente sin que tengan lugar unos cambios muy dinámicos, y esos cambios nos serán sólo en la otra persona. Independientemente de lo que esté sucediendo en tu relación, pregúntate: «¿Cómo podría ser más amoroso/a?». La respuesta del Espíritu santo nunca será: conténte. Siempre será: bendice; inunda tu consciencia y la de los demás de compasión, bondad y amor incondicional. Perdonar, pero amar incondicionalmente es siempre el camino a seguir. Cuando somos capaces de practicar verdaderamente el amor incondicional, todo el mundo es bendecido, incluso en los casos en que la relación se acaba.

Si actualmente mantienes una relación especial o no sagrada que no parece tener ninguna esperanza de transformarse en una relación sagrada, y te das cuenta de que lo mejor es separaros, serás libre únicamente si todas tus actos en torno a la separación son realizados con amor. Si actúas guiado por la rabia, el miedo o la venganza, recuerda que la consciencia pronto se re-creará. Haz todo lo que tengas que hacer con amor; desea lo mejor para ti mismo o para ti misma y para tu pareja. Con amor, libéralo o libérala para que viva el propósito de su alma. Desea sólo lo mejor para tu antigua pareja y serás libre. Desea venganza y te estarás condenando a ti mismo. Déjalo o déjala libre con amor y abrirás el camino para que tu bien avance y te encuentre.

Una querida amiga mía, Rachel, estaba atravesando un largo y difícil divorcio. Había un océano de emociones a las que enfrentarse. En ocasiones, cuando me llamaba, estaba tan alterada que quería matar a su enemistado marido, peor aún, castrarlo. Ella despotricaba y yo permanecía en silencio. Hacía una pausa y volvía a empezar y, cuando había acabado, yo le decía: «Él es tu maestro. Esta es una lección difícil de comprender para ti, de modo que Dios te ha enviado a un excelente maestro. Ama a Clark, bendícelo y déjalo ir. Aprende a quererlo de una manera divina, incondicional, una manera que no está apegada al resultado, y serás libre».

Ella cargaba con una gran pena y un gran dolor de una divorcio anterior, en el cual el juez había dividido la custodia de las dos hijas entre ella y su ex-marido. Todavía quedaba mucho por perdonar en relación a ese divorcio y a ese acuerdo. Rachel temía repetir su historia, pues esta vez tenía dos hijos del matrimonio. El padre estaba pidiendo la custodia principal de ambos chicos y mi amiga estaba llena de temor e indignación.

Ahora, muchas personas exclamarían: ¡Qué terrible, qué injusticia! Sin embargo, lo que sucede en el exterior nunca es el problema. Lo que sucede en el exterior es una proyección de lo que está sucediendo en el interior. Trabaja sobre el proyector interno y la proyección externa cambiará.

Somos, mayormente, como el viejo vaquero que años atrás fue a ver su primera película en el cine. Era (¿qué otra cosa podría ser?) un western. Cuando los indios empezaron a atacar a la caballería, el viejo vaquero se puso de pie en el cine, sacó su revolver de seis tiros y comenzó a disparar a la pantalla.

El deseo de mi amiga de convertir a su marido en un eunuco es como disparar contra la pantalla. Cuando no nos gusta la proyección externa de nuestras vidas, no hemos de disparar al protagonista ni a los pequeños actores. Hemos de entrar en nuestro interior y reparar el guión de nuestras mentes.

Bueno, Rachel había intentado no hablarle a Clark, encerrarse en una habitación vacía, ignorarlo, odiarlo y todo lo demás, sin éxito. Finalmente se cansó de todo ello y estuvo dispuesta a dejar de lado su rabia y sus quejas. De modo que inició una campaña de ama-y-deja-libre. Una noche me llamó, alterada otra vez, diciendo que lo del amor estaba funcionando tan bien que él quería hacer el amor con ella y ver si podían solucionar sus diferencias. «¿Y es eso lo que tú quieres?», pregunté. «No, realmente no». «Bueno, entonces díselo». Lo que sucedió fue que Clark había leído mal la energía y las señales de ella y las había interpretado del único modo que él sabía.

Ella continuó amándolo, y su divorcio fue sobre ruedas. Ella obtuvo la custodia de los niños y su padre tenerlos dos los fines de semana al mes y los veranos. Ella también conservó su casa, y cada uno de ellos consiguió su libertad y una división equitativa de las propiedades. Una vez que ella empezó a amar, dejaron de descuartizarse el uno al otro y la situación se solucionó de la mejor manera para todos los implicados.

El amor despeja el camino, abre las puertas que han sido cerradas, y nos proporciona bendiciones inimaginables. Atrae, mientras que el temor y el odio nos atan a sus horrendas energías. Si Rachel hubiese dejado su matrimonio odiando a Clark, no me cabe ninguna duda de que hubiese creado otra relación especial, que en muy poco tiempo hubiese sido exactamente igual que sus matrimonios anteriores.

Cuando sanamos el pasado a través del amor, entonces somos libres para crear un futuro diferente a nuestro pasado. La mayor parte de nosotros tenemos el conocimiento de que nuestro equivalente perfecto existe. Yo esperé a mi alma gemela y marido durante mucho tiempo, y sabía que estaba ahí.

Quizás una de las razones por las cuales tantas personas pasan por varios matrimonios y parejas es, no sólo porque están buscando amor fuera de sí mismas, sino porque están buscando a su Amado o Amada y simplemente no saben lo que hay que hacer. El resultado es una sucesión de relaciones fallidas... y la búsqueda continúa.

Ciertamente, yo esperaba a David antes de que nos conociéramos, y estaba segura de que nos reconoceríamos. Estaba tan segura que este tipo de conocimiento me comunicaría: «Aquí está, es él», que dejé de salir con hombres y salí de aquella montaña rusa emocional. Darte una tregua de citas mientras realizas el trabajo interior de sanación puede ser muy útil. Cuando empiezas a sentirte más sanada y entera y menos necesitada, entonces puedes volver a salir y atraer relaciones sanas, enriquecedoras y amorosas.

Hasta que mi alma gemela y yo nos encontramos, yo estaba feliz y me sentía realizada en mi vida. El experimentar tu propia realización supone una libertad emocional tan grande, el haber lefado al lugar de ser capaz de cuidar de tus propias necesidades y aún así desear tener una pareja. Ahora, este deseo no proviene de una sensación de estar incompleto o incompleta o de necesidad. Antes, es un deseo de unirte a tu pareja para celebrar esa totalidad en la cual ambos podéis, verdaderamente, amaros y apoyaros el uno al otro. Yo ya no estaba dispuesta a compartir mi esencia espiritual, emocional y del alma simplemente con un hombre agradable. Tenía que ser el hombre adecuado.

Estaba preparada para conocer a mi amado con la piel puesta.

11
Las almas gemelas se encuentran ahora en la puerta 42

«Conocerás a tu alma gemela cuando menos te lo esperes», me dijo Ginna, mi amiga de toda la vida. «Já» me reí ante la idea.

«Eso es imposible. ¡Lo espero cada segundo de mi vida!» exclamé.

En Junio de 1986, Ginna, que vive en California, me llamó y me pidió que me reuniera con ella en Washington, el fin de semana del 4 de Julio, para asistir a una gran fiesta al estilo Washington. Debía celebrarse en el penthouse de su hermano y pensé, bueno, por qué no. La vida de una soltera que no sale con nadie es bastante desoladora en el departamento de fiestas, especialmente fiestas tan festivas como prometía ser esta. Ginna y yo siempre nos lo hemos pasado en grande juntas, de modo que decidí ir. El viajar a otra ciudad para asistir a una fiesta no es nada característico de mí. Algo muy inusual estaba teniendo lugar. Quizá conocería a mi alma gemela durante el fin de semana.

La familia de Ginna me trató como un tesoro y fueron de lo más amables proporcionándome una pequeña suite para mí sola en su casa. Tenía de todo, incluido mi propio baño y báscula.

Bueno, mis pantalones de talla 8 ya no me entran, pero cuando me coloqué sobre aquella báscula, pesándome por primera vez en casi tres años, experimenté una gélida conmoción. Pesaba treinta libras más de lo que me había estado diciendo a mí misma. Puede que no seamos nuestros cuerpos, pero el mío se había vuelto gordinflón y mi disgusto fue tremendo. Incluso en mi pánico, tuve este conocimiento interno de que debía ir al Centro Dietético. Ahora bien, yo no sabía nada acerca del Centro Dietético: no conocía a nadie que hubiera ido ahí y no sabía nada de su programa. Pero junto a mi pánico estaba este conocimiento increíblemente fuerte acerca de, quién lo iba a imaginar, el Centro Dietético.

Volé a casa a tiempo para celebrar la misa del domingo por la mañana sabiendo absolutamente que iba a ir al Centro Dietético el lunes. Hice la llamada que sabía que haría, y la representante me sugirió que fuese a un centro recién abierto cerca de la iglesia. Debía estar segura y preguntar por Sandy. Me dijo que Sandy era maravillosa y que realmente me ayudaría. Me aseguró que todo iría bien. Me dieron hora con Sandy para más tarde, ese mismo día. Cuando llegué a la hora establecida, Sandy estaba ocupada con otro cliente. Me dieron unos formularios para llenar y, una vez más, se me aseguró que Sandy era maravillosa. Simplemente me iba a encantar.

Al poco rato, Sandy llegó, me recibió cálidamente y comenzó a leer los formularios que yo había llenado. Se detuvo bruscamente, me lanzó una mirada penetrante, volvió a mirar los formularios y exclamó en voz alta: «¡La conozco!». Silencio-samente, para mí misma, respondí: «¡Oh, mierda!». Deseaba estar ahí de una forma anónima, perder mis kilos de más e irme. Pero no, contra todo lo esperado, esta mujer me conocía. En ese momento, Sandy interrumpió mis pensamientos con: «Ayer estuve en su iglesia por primera vez».

Genial, ahora tengo un miembro potencial de Unity supervisando mi progreso. Desbordando entusiasmo, Sandy me condujo hasta una diminuta habitación y me pidió que me desvistiera para que pudieran tomar mi peso y mis medidas. Ahí estaba yo, en ropa interior, con una extraña que me había visto dar una lección dominical tomándome mis medidas. De hecho, estaba tomando las medidas de mis muslos (lo cual no estaba precisamente entusiasmándome) cuando dijo: «¿Puedo hacerle una pregunta personal?».

Dios mío, Sandy, estoy en mis bikinis y tú estás midiéndome los muslos. ¿Cuánto más personales podemos ponernos?» Impávida, continuó a la carga.

—¿Está soltera?, inquirió.

—Sí, lo estoy, respondí.

En los dos segundos siguientes, un nuevo sendero empezó a desplegarse en mi vida. Sandy empezó: «Conozco a un hombre de lo más maravilloso al que sé que le encantaría conocerla» Mi corazón dio un brinco.

—Háblame de él, conseguí murmurar.

—Está en la junta directiva de mi iglesia de Unity en Evanston, Illinois, y en mi grupo de apoya Arnold Patent. Ha vivido y trabajado en el mundo entero y es muy inteligente. Es Escorpio (yo también lo soy), vegetariano (yo también lo soy), muy gracioso y muy divertido. Tiene un aspecto agradable, esta divorciado desde hace varios años y tiene tres hijas adultas adorables. Además es muy bueno, amoroso y tiene éxito en su profesión. Todas las mujeres solteras de la iglesia lo persiguen por todo el edificio, pero él no quiere saber nada de ellas.

Quiero que realmente retengas esta escena en tu mente. Heme ahí, en ropa interior, con escalofríos de conocimiento recorriendo mi cuerpo. La energía de mi corazón está haciendo explosión, y Sandy acaba diciendo: «Ha dejado de salir con mujeres y se ha ido a casa para rezar por su alma gemela». Me señala con el dedo y dice: «Creo que es usted».

Todas las células de mi ser se cargaron de corriente eléctrica. Por primera vez en mi vida supe lo que quería decir esa frase de la Biblia que dice: «El corazón de María dio un brinco». El mío estaba a punto de estallar.

Sabía que Sandy estaba hablando del hombre que yo había estado buscando. «¡Dale mi número de teléfono a este hombre!» exclamé. Ella llamó a David inmediatamente y averiguó que estaba en un retiro en California. ¡Fabuloso! Un hombre que atraviesa el país para ir a un retiro es mi tipo de hombre.

Cuando David regresó a casa, encontró un mensaje urgente de Sandy en su contestador automático: «David, tienes que llamarme inmediatamente. ¡He encontrado a tu alma gemela!». David, un buen amigo de Sally, pensó que estaba loca. Pero estaba intrigado, de modo que la llamó.

Luego procedió a llamarme y dejó un mensaje en mi contestador diciendo que era el amigo de Sandy de Chicago y que me llamaría más tarde esa misma noche, pero llegaba a casa y quería llamarlo, estos eran sus números de teléfono. Su voz sonaba maravillosa en la grabación, y empecé a pensar que quizás este hombre había utilizado todo su sentido común para llamar a una mujer desconocida en Cleveland. Quizás no se sentiría suficientemente cómodo como para llamar una segunda vez. Podía llamarlo yo (lo cual sería muy poco propio de mí), pero primero me sentaría y meditaría y rezaría sobre ello.

Me senté, me coloqué en a postura de meditación, cerré los ojos... y sonó el teléfono. Era David. Hablamos durante hora y media, y había una cómoda familiaridad, una conexión instantánea. Hablamos todas las demás noches durante un lapso de diez días. Hablábamos desde el corazón, compartiendo nuestros ideales, conociéndonos sin que nuestros cuerpos y el sexo se interpusieran.

Él hizo planes para venir el viernes siguiente en avión desde Chicago para una cita a ciegas. En el día acordado, salí de mi oficina temprano para ir a casa y refrescarme antes de ir al aeropuerto. Esperándome, había una docena de rosas rojas y amarillas enviadas por David. La tarjeta ponía: «Por la alegría del descubrimiento». Si este hombre estaba intentando impresionarme, lo estaba haciendo muy bien.

Cuando nos encontramos en el aeropuerto, hubo, por ambas partes, un reconocimiento instantáneo de nuestra esencia, pero no un reconocimiento de nuestros seres físicos. Fue una sensación muy extraña. Davida llegó un viernes y acabó quedándose hasta el martes. Volvió a venir a Cleveland el viernes de esa misma semana. Después de eso, pasamos todos los fines de semana juntos, excepto cuando yo tuve un compromiso fuera del país durante dos semanas. Nos casamos ocho meses más tarde.

Mi padre, preocupado y ciertamente consciente de mi historia, me preguntó si no estábamos yendo demasiado rápido. «Papá, a este lo conozco. No lo conozco por el tiempo que llevamos juntos, sino porque mi alma conoce a este hombre», le dije. Todos los niveles de mi ser reconocían y conocían a David. Y él me conocía. Él le cuenta con libertad a la gente que sabía que se casaría conmigo antes de conocerme en la puerta 42.

Mi amiga Ginna tenía razón, porque sucedió cuando menos lo esperaba, mientras Sandy tomaba mis medidas de los muslos. David y yo fuimos atraídos el uno hacia el otro a través del tiempo y el espacio. Nuestro reconocimiento de las cualidades de nuestras almas estuvo ahí desde nuestro primer contacto.

Las almas gemelas son sólo eso: almas que están unidas. No dos seres a medias, sino dos seres enteros, completos, que se unen. Cuando dos personas intentan convertirse en una, están reduciendo su magnitud. He aquí, una vez más, un concepto que se aleja radicalmente de las enseñanzas del mundo. Verdaderamente, debemos estar dispuestos a cuestionar cada uno de los valores que albergamos y explorar por nosotros mismos lo que es realmente cierto.

Si has albergado la idea de que encontrar a tu alma gemela te haría completo, abandona la idea. Has de estar completo en tu interior y luego podrás unirte a tu alma gemela, no por estar vacío, sino para que te apoye en tu plenitud.

Conocer a David fue la culminación de años de preparación y de purificación. Tal como le dije en nuestro primer fin de semana juntos: «Valía la pena esperar» y «De todas mis grandes manifestaciones, tú eres la más grande».

Estar con mi alma gemela no representa un esfuerzo. Las relaciones especiales requieren esfuerzo y lo requieren constantemente. Las relaciones sagradas no son un trabajo. Simplemente son. En una relación sagrada, cada uno de los miembros ha mirado en su interior y no ha visto una carencia. Hemos sanado esos lugares en nosotros que estaban heridos o tristes. Estar juntos es una alegría. Hemos puesto por delante nuestra parte divina, y todo lo demás encaja perfectamente. David y yo nos amábamos antes de conocernos en la experiencia de esta vida. Nuestros intereses personales son muy similares y, ahí donde difieren, nos respetamos. Me siento tan absolutamente amada por este regalo que Dios me ha enviado... En los días en que pienso que tengo un aspecto horrible, él sólo ve belleza. Su amor no se basa en qué aspecto tengo o cómo actúo, ni en lo que digo o hago. Simplemente está ahí, sin importar lo que pase. Es como una base de granito, inalterable, eterna.

Las almas gemelas se reconocen. Hay una familiaridad instantánea, un reposo, como si siempre hubierais estado juntos. Es estar absolutamente cómodo con la otra persona. Es amar a esa persona como a ti mismo o a ti misma.

A cierto nivel, todos somos uno, pero hemos perdido de vista esa unidad. Una relación sagrada con un alma gemela nos devuelve la vista en un instante sagrado. Ahí, se nos concede una mirada rápida a la eternidad. Pues en nuestra consciencia de la unidad con el amado o la amada, nuestro amor se acerca más a Dios. Podemos ver nuestra igualdad, antes que concentrarnos en nuestra separación. Ahora podemos entrar en nuestra verdadera identidad. Se nos concede una mirada al cielo y vemos a nuestra pareja como el hijo sagrado o la hija sagrada de Dios. La vida se convierte en un tesoro lleno de ricos e ilimitados regalos. Es aquí donde ves la santidad de tu pareja en cada instante y recuerdas la tuya propia. En una relación sagrada con nuestra alma gemela, podemos recordar quiénes somos verdaderamente. La vida es fácil. Es un gozo. La enseñanza del mundo es que, en el mejor de los casos, la vida es difícil. El mundo afirma que has de trabajar en las relaciones y trabajar duro si quieres que funcionen. La perspectiva espiritual es que en una relación sagrada nunca has de trabajar en la relación, sólo en ti mismo.

Esto requiere de un salto cuántico en la comprensión, pero para vivir las vidas llenas de dicha que son posibles hemos de hacer el cambio. Trabajamos en nosotros mismos, no en la relación. Cuando insistimos en que debemos trabajar en la relación, estamos centrando la sanación ahí donde la sanación jamás podrá tener lugar. Nos convertimos en el vaquero que dispara contra la pantalla.

En una relación con nuestra alma gemela, cerramos la brecha y podemos experimentar nuestra unidad. Lo que sentimos y reconocemos en ella es aquello que algún día se contemplará en todos. Estar con nuestra alma gemela nos muestra un mundo que está más allá del cuerpo, hasta que el cuerpo es visto únicamente como una bruma que rodea a tu amado o amada. No es tu amado o amada, sino una imagen de él o ella. Cuando somos capaces de ver más allá de lo que nos muestran nuestros ojos, entonces podemos ver a nuestro ser querido como mucho más que su ser físico y contemplarnos a nosotros mismos también con ese conocimiento. En una relación sagrada llegamos a ver la santidad de nuestro amado o amada y su inocencia, y también la nuestra.

Al vivir con tu alma gemela, tienes la oportunidad de dejar de juzgarte, lo cual significa que no juzgarás a tu pareja. Sólo la amarás en una unidad divina. Cuando cada uno de los miembros recuerda su inocencia y su divinidad, no hay proyección de la culpa o el miedo.

Las almas gemelas en las relaciones sanadas son divertidas, fáciles, alegres y sagradas. Atestiguan lo que siempre supimos que era posible. Son ilimitadas en su capacidad de bendecirse la una a la otra y a cualquiera que encuentren, tanto si ese encuentro dura un instante o toda una vida. En esta unión sagrada, existe la posibilidad de vivir una vida sagrada, de elevarse de la ilusión, de la apariencia de lo que es la vida, y entrar en su realidad divina. Por supuesto que habrá veces en las que te tienten el juicio, la crítica y la falta de perdón, pero ahora sabes que tienes los medios para escapar de ese antiguo modelo separador. Regresas a la forma en que la vida puede ser experimentada cuando uno está libre de pensamientos de separación.

Como señala Leslie Parish en el libro *Un Puente al Infinito* de su marido, Richard Bach: «Un alma gemela es alguien que tiene cerraduras en las que tus llaves encajan, y llaves que encajan en tus cerraduras». Cuando encontramos la cerradura, lo sabemos. Puedes ser perfecto si estamos dispuestos a dejar ir nuestros viejos agravios y patrones negativos y a permitir que el Amor Divino dirija la relación.

Los encuentros con un alma gemela no duran, necesariamente, toda una vida. Puedes tener experiencias con un alma gemela que sean breves y quizá` no sean íntimas. Quizás vuestras misiones no estén tomando el mismo rumbo en esta experiencia de vida, pero en el tiempo que pasáis juntos hay un reconocimiento, una admiración y un amor que trasciende el cuerpo. Las personas me han relatado muchos encuentros con almas gemelas. Algunas fueron instantáneas y eternas. Otras fueron breves y casuales, y sin embargo estaban llenas de una profundidad y una apertura inmediatas.

Un encuentro con el alma gemela puede tener lugar entre dos personas de edades extremadamente distintas. Creo que esto puede explicar los romancees que se cuentan entre, por ejemplo, una mujer madura, quizás incluso un poco matrona, y un hombre mucho más joven. Las personas se preguntan qué ve él en ella. Él ve su alma y recuerda.

Un caso así fue el de Anita y Todd. En la época del divorcio de Anita, ella rezaba para encontrar a su verdadera alma gemela y pidió que se le mostrara qué aspecto tenía, para poder reconocerlo cuando lo viera. Se le mostró la imagen de un adolescente al que ella conocía. Pasmada y conmocionada, protestó, diciendo que aquella no podía se su alma gemela. El mensaje regresó, diciendo que cuatro años más tarde iniciarían su relación. Él era un hombre joven y ella una mujer madura. Llevan siete años juntos y son dichosamente felices.

También podemos ser testigos de encuentros en los que las circunstancias de vida y los compromisos de uno o de ambos no permiten que estén juntos fácilmente. Si fuerzan su relación, el resultado puede ser mucho dolor y sufrimiento.

Este fue el caso de Candy y Kevin. Ella estaba trabajando en su Doctorado en filosofía y nunca había estado casada ni había tenido una relación seria. Candy era bastante intelectual por naturaleza. Sus respuestas a la vida eran siempre totalmente racionales hasta que conoció a Kevin, quince años mayor que ella. Él llevaba más de veinticinco años casado con una mujer con quien él decía no tener intereses ni metas en común. El matrimonio estaba muerto, según Kevin. Kevin era un hombre abierto, amable, bueno y afectuoso. Candy descubrió que se sentía increíblemente atraída hacia él y, atrapada en el impulso emocional, no quiso elevarse por encima de sus anhelos de intimidad.

Kevin y Candy se atraían muchísimo, no sólo físicamente, sino también intelectualmente y emocionalmente. Caminaban al ritmo del mismo tambor. Ambos eran practicantes avanzados de yoga; ambos asistían a seminarios semanales y a talleres de auto-ayuda; ambos eran personas altamente inteligentes, tranquilas, reflexivas. Empezaron a mantener un idilio cuando Kevin todavía estaba con su mujer. Él no hacía más que prometerle que se marcharía cuando sus hijos acabaran la escuela secundaria, después de la boda de su hija, después de que su suegra se recuperase de una enfermedad. Candy se conformó con migajas y cada vez estaba más furiosa con Kevin, consigo misma y con la vida.

Lo que bien podría haber sido una unión de almas gemelas, porque se amaban a nivel del alma, se convirtió casi de inmediato en una relación especial llena de promesas incumplidas, citas canceladas, mentiras, ansiedad y tristeza. Lo que podía haber continuado siendo sagrado se convirtió en una adicción emocional con la cual recién ahora, quince años más tarde, Candy ha roto y ha buscado ayuda.

No hemos de acostarnos con cada persona hacia la que nos sentimos atraídos, incluso si creemos que es nuestra alma gemela. Cuando añadimos un nivel de intimidad no destinada para una relación específica en ese momento, podemos provocar mucho sufrimiento y una culpa cada vez mayor para todos. Como dice mi amiga Christine: «Te vuelve loca». Es aquí donde llenamos esas nueve décimas partes del iceberg que están escondidas bajo la superficie.

«Único» es un concepto que muchos de nosotros albergamos. Sólo hay una «única» oportunidad profesional y la has perdido: tu vida profesional está condenada. Sólo hay una «única» alma gemela y no está libre: tu vida amorosa está condenada. ¡Tonterías! Este modo de pensar es infantil. En este universo vasto, rico y abundante, ¿realmente crees que Dios creó sólo una posibilidad de que conozcas la dicha? ¿Y si, en lugar de ser treinta años menor o mayor que tú (lo cual podría ser todo un reto), tu alma gemela viviera en el siglo catorce y no pudierais uniros por seiscientos años de diferencia? «Único» es una creencia del ego.

Si tus intenciones son claras y estás absolutamente entregado a vivir en una relación sagrada con un alma gemela, tus sinceros deseos serán bendecidos. Las Leyes del Amor no nos serán negadas. Somos nosotros los que creemos que negarnos es nuestro trabajo. No es el trabajo de nadie, de modo que ten claro que ya no lo harás contigo mismo.

Estar en una relación con tu alma gemela no significa que excluyas a los demás de tu amor. Tu corazón ahora está abierto para darle la bienvenida a más personas dentro del círculo de tu amor. El amor no es separación y exclusión. El amor es sanación e inclusión. Verdaderamente, es en presencia del amor que dos personas se reconocen y se unen. Para mí, es el regalo más asombroso que Dios nos da: amar con esta profundidad y santidad.

Muchas almas gemelas

Tenemos muchas almas gemelas, no sólo una, y sólo podría ser de este modo si la vida ha de tener sentido. De manera que, si perdiste lo que tú creías que era el «amor de tu vida» cuando eras niño o niña, o por un matrimonio ya existente o incluso la muerte, hay otra persona para ti. Si alguna vez has tenido un encuentro con un alma gemela, puedes tener otro.

Bendice aquello que fue o que podría haber sido y no fue nunca. Libérate del recuerdo del pasado, sin importar cuan maravilloso sea. Abre tu corazón a tu bien actual. Abre tu corazón para reconocer a tu alma gemela ahora.

Quizás tú y tu alma gemela ya os hayáis encontrado, pero no os reconocisteis porque vuestras gafas estaban empañadas. Quizás incluso ahora, a tu lado, esté tu amado o amada y no lo hayas reconocido porque decidiste qué aspecto debía tener esta persona y cómo debía ser, y luego solicitaste a tu amado o amada.

Ese es el opuesto de cómo hemos de pedir y atraer. Despeja tu mente de todas tus ideas acerca de cómo aparecerá esta persona, y empieza a tratar a todo el mundo como te gustaría que te traten. Cuando lo hagas, empezarás a ver el espíritu interior que hay en todo el mundo. el amor que estás dando a todas las personas tiene, absolutamente, que atraer hacia ti a una expresión equivalente de amor. Tú y tu alma gemela os atraeréis a través del tiempo y el espacio. No importa si vives en la puerta de al lado o en otro continente, el amor os unirá.

Ríndete al Amor Divino

Si tienes una relación sagrada, el mejor manera que conozco de mantener el amor vivo y haciéndose cada vez más profundo es entregar a Dios tu relación como regalo. Deja entrar este Amor Divino en cada instante para que te quite y eleve cualquier cosa y todo lo que te haría daño, y para que te proporcione todo aquello que continuaría siendo una bendición para tu naturaleza sagrada y tu totalidad.

En el instante en que surja un pensamiento que te separaría de tu mayor bien, deja que el Amor Divino se lo lleve y lo sustituya con un pensamiento amoroso, sanador. Dale al Amor Divino, el poder del Amor que hay en tu interior, cualquier pensamiento que tengas de falta de valía, depresión, vergüenza o culpa. Deja que salga la tristeza y la rabia, tus juicios y críticas de otras personas y de ti mismo. El amor sabe que estos pensamientos no tienen sentido, pero tú no.

Cuando le pedimos al Amor Divino que nos guíe y le dé amor a nuestra relación, siempre se nos dará un mensaje que habla por la elección correcta, ayudándonos a acordarnos de amar. Cuando le entregamos cualquier incidente al Amor Divino, la respuesta llega con rapidez, con seguridad y con amor para todos. Muchos de nosotros crecimos con el concepto de que el cuerpo es un templo. Cambia ahora en tu pensamiento y contempla tu relación divina como el templo en el cual el Amor Divino puede morar verdaderamente.

Cuando surge cualquier problema en la unión entre dos almas gemelas, el problema no necesita ser resuelto sólo por la pareja. El problema debería ser entregado al poder del Amor, que es más grande que cualquier conflicto y en el cual el trastorno puede ser resuelto. Esta resolución siempre será perfecta y completa. He notado a través de los años que las respuestas del Amor a los problemas que percibimos en muy raras ocasiones las que habíamos pensado, sino infinitamente más creativa y duraderas.

En el propio acto de rendiros al Amor Divino, ambos estáis exhibiendo una disposición a que se os muestre un camino mejor. Ese camino mejor es siempre la respuesta perfecta en la cual todo el mundo gana. Un miembro de la pareja no tiene que perder para que el otro gane.

Entrega tu relación al Amor Divino para que sea utilizada para un propósito superior, y tú y tu pareja no tendréis que vivir jamás por pequeñeces. El propósito que el Amor Divino tiene para vuestra relación es mucho más de lo que cualquiera de nosotros podría llegar a imaginar. Esto exige fe y una renuncia al control. Normalmente, cuando llegamos a una relación sagrada, ya nos hemos dado cuenta de que la idea misma de controlar cualquier cosa es bastante cómica. *Un Curso de Milagros* dice que sería como si un rayo de sol pensara que es el sol o como si una ola creyera que puede controlar a todo el océano.

Para ser verdaderamente felices, debemos tomar algún día la decisión de entregar nuestra vieja y gastada relación al Amor para que la transforme, la sane y la utilice para un propósito superior. Al entregar la relación a Dios, estamos dispuestos a alinearla con el propósito del cielo, el cual es «hacer feliz». Estamos solicitando que nuestra relación recupere su salud, su falta de egoísmo y el amor. Estamos renunciando de buena gana al propósito del ego, el cual ha sido fragmentar y separar. Ciertamente que esto no ha hecho feliz a nadie. Nadie puede encontrar la felicidad mientras intenta hacer que su pareja se sienta culpable o mientras busca a alguien a quien culpar por el propio estado actual de infelicidad.

Una vez que reconocemos que nuestra alianza no ha sido sagrada en su propósito y una vez que deseamos que sea de otro modo, podemos rezar. En nuestras oraciones pedimos al Espíritu que está en nuestro interior que entre en esta imagen basada en el ego, llena de temor. Simplemente entregamos la relación, con todas sus exigencias del ego, sus viejos motivos de queja y sus alegrías percibidas (pues ninguna relación carece de momentos de luz), al poder del Amor que habita en nuestro interior.

En este único acto, todo el curso de la relación se mueve abruptamente de lo que el ego ha creado a como el Amor quiere que sea. Es aquí donde podemos empezar a comprender que quizás, sólo quizás, Dios tiene un plan mejor que el que está actualmente en funcionamiento. Quizás *la voluntad de Dios* podría ser para nuestro mayor bien.

Como seres espirituales que estamos teniendo una experiencia humana, ciertamente que podemos ser unas criaturas de lo más curiosas. Todos nosotros hemos creído que tenemos una idea mejor que la que podría tener cualquier poder superior acerca de lo que funcionaría mejor en nuestras vidas. ¿Quién de nosotros no ha oído las palabras la voluntad de Dios y se ha visto invadido por el miedo y el pavor? El miedo a la voluntad de Dios es una de las ideas más extrañas que la mente humana ha creado jamás. No debemos temer la voluntad de Dios, sino la nuestra. Cuando ocurre una tragedia, decimos:»Ah, fue la voluntad de Dios». Cuando ocurre algo fabuloso, decimos: «¡Ah, qué suerte!». Ahora, dime, ¿no es este un modo de pensar al revés? Los acontecimientos afortunados son atribuidos a la suerte y los desafortunados a la voluntad de Dios. Yo creo que no.

Quizá tengas que trabajar sobre ti mismo o ti misma para superar el miedo a aceptar la voluntad de Dios como el único bien. Cuando negamos la voluntad de Dios, estamos negando la dicha. Dios no nos niega nuestro bien, nuestra dicha y nuestro placer, el que siempre lo hace es el ego. Me gusta el modo en que mi amigo, el respetado autor Wayne Dyer, lo explica de una manera tan sencilla: «¡Entiéndelo! ¡La voluntad de Dios funciona! ¡La tuya no!».

Entonces nos ponemos lo suficientemente incómodos como para reconocer que debe haber otro camino. Solicitamos la presencia del Amor Divino, el cual siempre ha estado a nuestra disposición, pero que no interviene sobre nuestro libre albedrío. El Amor entra sólo cuando lo invitamos. Esto es, debes decir: «Dios, por favor, ayúdame. Te daré lo que he hecho de esta relación, y te pido nos sanes, a mí y a ella, hasta lo más profundo». O puedes utilizar el camino más corto: «Dios, aquí tienes el desastre que he hecho. Haz algo con ello». A partir de este punto, la relación comenzará a cambiar, pues ahora su nuevo propósito es ser sagrada.

Ser especial nunca podrá sustituir al ser sagrada. En esta etapa inicial, la necesidad de fe es fuerte, pues la relación puede parecer alterada, desarticulada, e incluso bastante dolorosa. Mucha relaciones se han roto en este momento, y se han reemprendido las antiguas búsquedas no sagradas, buscando una vez más la cualidad especial.

Deja que el Amor se haga cargo y experimentarás el hecho de estar con tu alma gemela como un vivir juntos confiando siempre en que se están ocupando de cada detalle de vuestras vidas. Arnold Patent enseña: «Deja que el universo se ocupe de los detalles». Esta es, simplemente, otra manera de decir la misma cosa. Un código según el cual vivo es: «Lleva mi agenda». Yo me limito a aparecer en el lugar y el momento en los que he aceptado estar. Entonces dejo que el Amor Divino se ocupe de los detalles de mi vida a partir de ahí. Me ha tomado años alcanzar este estado de conexión, pero ahora sé verdaderamente que todo está saliendo exactamente como tiene que ser. Dios está al mando. Recuerda, el plan de Dios funciona; el tuyo no. El plan de Dios siempre funciona. David y yo comprendemos este principio y vivimos de acuerdo a él.

Conocer a tu alma gemela puede ser uno de los primeros pasos para vivir en una relación sagrada, bendecida en todo momento por el amor, pero no es el último paso. Ahora vosotros dos podéis caminar de la mano hacia Dios.

12

Sexo sagrado

El sexo sagrado no trata acerca de técnicas o posiciones tántricas. Trata acerca del hecho de que el acto sexual entre dos almas gemelas es muy diferente a otras uniones meramente físicas. El sexo sagrado trata también acerca del hecho de que esta unión puede ser exquisitamente placentera, no sólo para el cuerpo, sino también para el alma y el espíritu. Tiene que ver con luces que destellan a tu alrededor, las cuales son en realidad vuestros campos energéticos que arden, con sentir una presencia en la habitación, con ser conscientes de cómo se expande la energía de los chakras. Tiene que ver con una sensación de asombro y de gratitud, con tocar una realidad más grande y entrar juntos en ella durante unos momentos sagrados.

Cuando las heridas de nuestro pasado han sanado y nosotros estamos limpios emocionalmente y espiritualmente, nuestras uniones sexuales con el amado o la amada se convierten en actos sagrados, no sólo entre nuestros cuerpos, sino también entre nuestras almas. Aquí podemos dejar salir el esplendor que hemos mantenido encerrado y elevarnos juntos en el éxtasis. En uniones así, nuestra energía sexual deviene una con la fuerza creadora del universo. En una uniones sexuales tan bendecidas, esta energía puede, en realidad, sanar aún más a cada uno de los miembros. Para muchos, el primer acto de rendición total tiene lugar mientras hacen el amor con su alma gemela.

La energía sexual limpia es energía espiritual. Ambas provienen de la misma fuente: Dios. Para experimentar un sexo sagrado es necesario confiar totalmente: confiar en ti mismo o en ti misma; confiar a tu pareja tu cuerpo, tu vulnerabilidad, tu alma misma. Aquí ya no hay una sensación de tener que hacerlo «bien», pues todos los juicios han sido abandonados. Aquí estás a salvo para simplemente ser, sin expectativas, exigencias o un orden del día por parte de tu pareja.

El antiguo texto sagrado de la China conocido como el Tao, considera al sexo como un camino para lograr la iluminación. Yo estoy de acuerdo en que nuestra expresión sexual puede conducirnos hacia unos elevados estados de consciencia y hacia una dimensión expandida del ser. Desde hace mucho tiempo, considero que nuestro impulso sexual innato trata acerca de muchas más cosas que la propagación de la especie. Todo aspecto de la vida tiene una dimensión espiritual, y ciertamente que ésta incluye al sexo.

Los primeros taoístas aconsejaban evitar la eyaculación durante las relaciones sexuales para conservar el «fluido sagrado». He conocido a algunas personas que han practicado la misma disciplina dos mil años más tarde, pero no parecían ser particularmente iluminadas, ni siquiera eran agradables. Creo que podemos recoger mucho de este antiguo conocimiento sin tomárnoslo a pecho en un 100 %, ni llevarlo al dormitorio.

Desde el punto de vista de la mujer desapegada, debe considerarse seriamente otro aspecto del sexo sagrado. Nosotras, como mujeres, somos receptoras del hombre, no sólo físicamente, sino también emocionalmente y psíquicamente. Cuando una mujer tiene relaciones sexuales con un hombre al que apenas conoce o con el que no está de acuerdo, está invitando a la consciencia del hombre (con todos sus pensamientos confusos y sus emociones conflictivas) a entrar, de una manera bastante literal, en su cuerpo, en su campo áurico y en su psique. Esta puede ser una experiencia que nos drene y nos quite poder. Cuando se hace en repetidas ocasiones sin tener en cuenta los efectos espirituales y para el alma, puede convertirse en una manera en que las mujeres devalúan inconscientemente su valía.

El punto importante a recordar es que la mujer es la receptora, no sólo fisiológicamente, sino también emocionalmente, espiritualmente y físicamente. Antes de irte a la cama con un hombre nuevo, considera si realmente deseas que eyacule dentro de ti y de tu esencia todo lo que hay en él: sus neurosis, sus juicios, sus motivos de queja, sus prejuicios, sus gustos y sus disgustos.

Yo aconsejo a las mujeres que sean conscientes de a quién están escogiendo para tener intimidad. Si estás concentrando tu tiempo, tu energía, tu consciencia y tu dinero en convertirte en una persona despejada, que perdona, buena y amorosa, entonces *no* te vayas a la cama con cualquier guaperas que esté lleno de conflictos irresueltos, rabia y hostilidad hacia su madre o ex-mujer. Cuando una mujer consciente tiene intimidad con un hombre lleno de conflictos, puede necesitar meses para que la energía de este hombre salga de su campo áurico. Cuando estás trabajando para ser consciente y despertar, es de vital importancia que tengas relaciones sexuales únicamente con alguien que esté igualmente consciente y despierto.

Cuando una pareja de almas gemelas está bastante limpia emocionalmente, cuando ambos han resuelto sus problemas individuales del alma, entonces pueden unirse sexualmente de un modo tal que ella, representando al principio femenino, y él, representando al principio masculino, se unan de una forma igual, creando las condiciones para la iluminación. Cuando no estamos sanados y nuestras heridas están sangrando, esto no sucederá. Cuando estamos sanados y nuestras heridas se han transformado en vehículos para el despertar, hay una importante energía a nuestra disposición a la cual, en otras circunstancias anteriores, no podíamos acceder.

Estar con tu alma gemela significa que te sientes atraído hacia el otro, y no hacia las tallas o formas de ciertas partes del cuerpo. Amas el todo y te ríes del antiguo concepto de diseccionar y llamar a eso amor. Al hacer el amor con tu alma gemela, la lascivia desaparece y la dicha se realiza. Existen niveles del placer sexual que no pueden alcanzarse hasta que uno se ha limpiado de la culpa, la rabia y la vergüenza. Si estás lleno de los fantasmas del pasado, no puedes tener una experiencia kundalini durante o después de las relaciones sexuales.

El sexo puede ser la más vacía y hueca de las experiencias humanas, o la más extática y divina. Con un alma gemela uno está muy a gusto. No hay nada que demostrar, ninguna conquista que hacer, y no hay temor al abandono. Verdaderamen-te puedes relajarte y permitir que la energía tántrica se libere. Durante los momentos de unión sagrada, todas las ruedas de energía, o chakras, se abre, y uno es consciente del enorme poder interior, mientras estos centros giran en éxtasis. Esta energía, literalmente, hace explosión en las principales ruedas de energía. Es como si el interruptor de la luz más intensa fuese presionado desde la raíz de tu ser y la electricidad viajase hacia arriba, atravesando tu corazón y llegando hasta la coronilla de tu cabeza. Esta energía pulsante te llenará de luz y de calor, y te inu0ndará de amor.

Yin y Yang

Al experimentar el sexo sagrado, cada miembro de la pareja ha sido sanado hasta el punto que la energía masculina recesiva de la mujer está en equilibrio con su esencia femenina, y la energía femenina recesiva del hombre está en equilibrio con su esencia masculina. En el antiguo Tao, este equilibrio de las energías masculina y femenina está representado como un círculo dividido en dos partes iguales por una línea curva que hace que cada mitad parezca una gota de agua. Dentro de la sección más grande de cada mitad hay un pequeño círculo que simboliza un diminuto círculo de energía masculina dentro de la mitad femenina y un diminuto círculo de energía femenina dentro de la mitad masculina del símbolo. Este equilibrio se llama yin (femenino) y yan (masculino).

En la unión de dos amantes sanados (o al menos en proceso de sanación), la sanación del alma tiene como resultado un equilibrio de estas fuerzas internas, de manera que la mujer ya no busca a un hombre para completar la pieza que falta de su yin/yang. Y el hombre le ha dado vida a su lado femenino suave, cariñoso, abierto y protector y también se siente completo dentro de sí mismo.

Cuando dos amantes están completos de este modo, la mujer puede ser fuerte y poderosa, así como suave, tierna y amable. El hombre puede ser expresivo y hablar de sus sentimientos, de llorar y de ser vulnerable, además de manifestar su fortaleza, intelecto e impulso normales. Cuando dos amantes así de equilibrados se unen, el hombre no se aferra para extraer energía femenina de la mujer y la mujer no se aferra para extraer la energía masculina del hombre. Dado que cada uno de ellos ya está completo, sus energías se liberan para experimentar las extraordinarias alturas de la dicha y el deleite.

Estos amantes ya están experimentando su propia totalidad, de modo que cuando se abren sexualmente y se unen, las estrellas realmente se mueven mientras estos poderosos seres espirituales se unen para hacer el amor. Imagina a los dioses del Olimpo haciendo el amor, y puedes empezar a vislumbrara esta realidad.

Centrarse en el corazón

He aquí un ejercicio que puedes realizar antes, durante y después de hacer el amor. Deben realizarlo los dos miembros de la pareja. Generalmente, las mujeres me cuentan que les resulta más fácil hacerlo, pero los hombres con concentración y práctica pueden tener el mismo éxito. Lo que hay que hacer es realmente bastante sencillo, y puede abrir todo el campo de energía del ser hacia un elevado nivel de pasión y dicha.

Una gran parte de este libro ha sido una guía para que traslades tu concentración de la cabeza al corazón. Ahora voy a enseñarte a trasladar tu concentración, mientras haces el amor, de los genitales al corazón. Te aseguro que, aunque no es fácil, puede hacerse. Es una cuestión de entrar en armonía con el movimiento de nuestros campos de energía, yendo un paso más allá del mero cuerpo físico.

He aquí la técnica: Cuando tú y tu pareja os abracéis por primera vez mientras avanzáis hacia el acto sexual, trasladada la concentración desde vuestra mente y vuestros órganos sexuales hacia el área del corazón. De hecho, puedes practicar hacerlo ahora mismo, mientras lees esta sección. Hasta que te acostumbres a hacerlo, quizás sea mejor que practiques con los ojos cerrados. Respira hondo y espira lentamente para relajar tu cuerpo. Ahora concéntrate en tu cerebro. A continuación concéntrate en tus órganos sexuales. Luego traslada esta energía desde tu cerebro hasta tu corazón, desde tus órganos sexuales hasta tu corazón. Necesitarás un poco de práctica en este proceso de visualización para ser capaz de llevar el acto de hacer el amor verdaderamente hasta el corazón. Cuando te sientas cómodo con el proceso (cuando realmente sientas que la energía entra en tu área del corazón), entonces estarás preparado para experimentarlo mientras haces el amor.

Cuando pruebes esta técnica por primera vez, sé paciente y ve lentamente. Tú y tu pareja habréis practicado solos, pero cuando empecéis a utilizar esta técnica durante el acto sexual, tenderéis a querer hacer amor como siempre. Es ahí donde entra la paciencia. Sé paciente contigo mismo, o contigo misma, y con tu pareja. Las recompensas valen la pena.

Tu capacidad para la dicha y para lo sagrado en vuestra unión sexual es mucho, mucho más grande cuando te concentras en el área del corazón que cuando te concentras en el área de tus órganos sexuales. Tu intenso placer se extenderá mucho más allá de lo que solías considerar como el máximo. Quizás experimentes una sensación de hormigueo ahí donde nunca antes la habías sentido, ondas de energía, una calidez increíble, la sensación de flotar y una paz y un amor profundos y maravillosos.

Algunas parejas han visto, literalmente, sus campos de energía y unos diminutos estallidos de luz a su alrededor y en la habitación al implicar totalmente sus corazones en el proceso de hacer el amor. Realmente vale la pena invertir el tiempo que sea necesario para lograr este estado expandido.

Como dijo una pareja de almas gemelas: «La expresión sexual entre nosotros es totalmente distinta a cualquier cosa que hayamos experimentado antes. La diferencia no radica únicamente en la totalidad de la experiencia, no se trata tan solo de unos órganos sexuales que se tocan, es como si nuestros cuerpos en su totalidad fueran uno, nuestras emociones fueran una, nuestros sentimientos fueran uno. Hay una comunicación no hablada que eleva toda la experiencia hasta un nivel distinto. Hay una falta de egoísmo en nuestra relación sexual. Después, hay un sentimiento de maravilla y de cercanía absoluta que puede durar días. En nuestra relación sagrada, hemos descubierto que el sexo es un intensificador».

Prosigue el hombre: «Es un intercambio de energía entre nosotros. A veces pienso que ni siquiera tenemos que estar juntos. Simplemente está ahí siempre, siempre presente...». Sus pensamientos se pierden en algún recuerdo cálido mientras un resplandor llena su ser. Él alarga la mano y acaricia suavemente el brazo de su mujer, y sonríen como dos niños pequeños enamorados de todo cuanto hay en la vida.

Su reflexión continúa: «Creo que el sexo es sólo una pequeña parte de la química. Hay mucho más en la intimidad que la relación sexual, la cual grandiosa y agradable, cálida y maravillosa. Pero eso no es todo, es sólo una parte de ello. En el pasado atravesé un período extraño en el que me enganché en la idea de que el sexo era lo único que me hacía valer como hombre y que debía demostrarlo todos los días, en ocasiones más de una vez al día. Realmente, puede volverte loco, y yo me volví bastante loco por ello. Cuando conocí a mi mujer, esto ya había dejado de ser un problema».

Lo que este hombre ha aprendido de sus años «locos» es que la intimidad, el sexo sagrado, no se trata de una actuación o un puntaje o de que el sexo sea un problema. Él continúa añadiendo más pensamientos claros al tema: «A veces estar juntos en silencio es suficiente. Simplemente estar en el momento sin bullicio es muchísimo. No es necesario planear nada en torno a ello. Sólo es estar juntos».

Al entrevistar a parejas acerca de su relación sexual y cómo encaja en su espiritualidad, he encontrado que los hombres en realidad tienen una mayor claridad de pensamiento. Otro hombre, Alexander, me dijo: «El sexo puede intensificar el amor, pero he llegado a comprender que el sexo no tiene nada que ver con el amor. He tardado muchísimo tiempo en aprender esto. Solía pensar que eran sinónimos, pero finalmente he aprendido que el sexo es simplemente un añadido divertido del amor».

El sexo sagrado, tal como lo describen las parejas espirituales y tal como yo misma lo he experimentado, ha sido llamado un momento sagrado congelado en el tiempo. Todo se detiene. El mundo entero parece detenerse y hay un momento increíble en el cual uno flota. Otras personas experimentan elevarse y un estallido de energía que los hace salir fuera de sus cuerpos. Esta es la energía a la cual suelen hacer referencia las parejas de almas gemelas. Para muchas, es inmensa y todo lo absorbe; para otras es flotar tranquilamente en un océano de dicha. Para todas, es algo que las llena totalmente y que realza sus vidas amorosas.

Varias parejas unidas espiritualmente me han compartido conmigo que, aunque ya no pueden disfrutar de relaciones sexuales debido a una enfermedad física, su nivel de intimidad total se ha mantenido contante. Han descubierto que simplemente acostarse desnudos, mirándose el uno al otro y respirando profundamente en armonía mientras se abrazan, puede conducirlos a una dicha exquisita en esta coyuntura de sus vidas. No importa cuál sea nuestra edad o nuestras dificultades físicas, si estamos dispuestos a partir de nuestra esencia de amor, entonces el amor encontrará su camino para conectarnos en una unión sagrada.

Bajo tales circunstancias, las parejas han encontrado la realización de formas que años atrás no hubieran considerado sexuales. Sin embargo, han descubierto que su energía sexual puede fluir y expresarse plenamente incluso cuando el cuerpo está limitado. Han recordado que el alma siempre permanece ilimitada.

El marido de Betty, Jerry, devino permanentemente impotente como resultado de una operación de cáncer de próstata, pero los dos han encontrado nuevas maneras de amarse. Jerry consideró la posibilidad de hacerse un implante, habló de ello largo y tendido con Betty, e incluso lo discutió con varios cirujanos. Luego, juntos, decidieron no hacerlo. Tomaron la decisión con amor, teniendo en cuenta que había un riesgo adicional para la salud de Jerry, el cual tenía suerte de estar vivo. Betty y Jerry saben que su vida amorosa está completa y es sagrada. Experimentan una sensación de dicha que nunca tuvieron mientras «todas sus partes» aún funcionaban.

Las almas gemelas que tienen relaciones amorosas siempre están dispuestas a descubrir lo que podría funcionar para ellas y lo que es placentero para su pareja.

Elizabeth describe sus encuentros amorosos como «una sensación irreal, invisible, de otro mundo. Simplemente todo es sentimiento. No hay consciencia de las partes corporales. No hay consciencia de estar en una habitación o de estar en la cama ni en ningún sitio. Es simplemente una sensación arrolladora, increíble. No sucede cada vez, y eso está bien. No es un problema, pero cuando sucede es maravilloso».

En otra ocasión, Elizabeth recuerda haber sido consciente de estar emitiendo una energía tremenda. Este campo de energía se extendió desde ella y se unió al espíritu de su alma gemela mientras hacían el amor. Elizabeth explica: «Apenas podía mirarla, porque era muy intensa. No era una intensidad mala. Simplemente era tan intensa que era como si Dios se reuniese».

El éxtasis de la relación sexual entre almas gemelas se extiende mucho más allá del placer físico. Las almas gemelas que han compartido sus experiencias conmigo me hablan del carácter sagrado de su unión. Recuerdan una sensación de ser elevados fuera del cuerpo y por encima de él. Describen un profundo silencio y una rendición total, no sólo a la experiencia, sino al Amor Divino. Casi todas hablan de haber percibido verdaderamente una sensación de unidad. Dice una mujer: «A veces no hay división. No sé si este extraordinario sentimiento de amor proviene de mí o de él».

Para experimentar un sexo sagrado, muchos han encontrado de utilidad escribir y luego quemar cualquier concepto puritano acerca del amor que puedan haber tenido, como: Las chicas buenas no disfrutan del sexo. El sexo es un deber. El sexo es sucio. Está mal desear tener relaciones sexuales con demasiada frecuencia.

Dedica algún tiempo a estar solo, o sola, o con tu pareja y hazlo como un juego. Haz una lista de todas y cada una de las creencias rígidas que has mantenido acerca de experimentar el placer sexual. Juntos podéis convertir vuestras creencias negativas en afirmaciones positivas como:

Creencias Negativas
Las chicas buenas no disfrutan del sexo.
El sexo es un deber.
El sexo es sucio.

Afirmaciones Positivas
A las mujeres poderosas les encanta, y yo soy una mujer poderosa.
El sexo es una alegría y siempre es placentero.
El sexo es una expresión de mi ser divino. Todas mis relaciones sexuales con sagradas, sanas y satisfactorias.

Otras afirmaciones podrían ser: «Cuanto más me permito disfrutar del sexo, más placer recibimos mi pareja y yo». «Mi espíritu se eleva hacia nuevas alturas cuando permito que mi energía sexual cobre vida». «Ahora, todas mis uniones sexuales son sagradas».

Mientras una pareja espiritual muy amorosa relataba su experiencia de profundos momentos de dicha, recordé un ejercicio que aprendí durante un seminario particularmente fenomenal al que asistí. La Dra. Jean Houston compartía el programa con el Dr. Joseph Campbell, el gran maestro del mito. A veces David y yo utilizamos este ejercicio en nuestros talleres, y hemos visto que casi todos los participantes se sienten profundamente conmovidos con la experiencia.

Es un ejercicio maravilloso para hacerlo con tu alma gemela, pero puede tener un impacto igualmente profundo si lo realizas con un amigo o amiga íntima o con un familiar. Esto es lo que hay que hacer:

En dos sillas que se miren, tú y tu pareja os sentáis rodilla contra rodilla. Suavemente, tomaros las manos mientras os relajáis y os miráis a los ojos. Deber «ver» realmente a la otra persona. Después de varios minutos, cada uno de vosotros habla simultáneamente, diciendo: «Yo soy _____», insertando el nombre de tu pareja. Por ejemplo, si David y yo estuviésemos haciendo esto, él diría: «Yo soy Joan Gattuso». Al mismo tiempo, yo diría: «Yo soy David Alexander».

Es importante que habléis simultáneamente, en lugar de hacerlo por turnos. Aseguraos de decir el nombre completo. Al principio, resulta muy extraño mirar a alguien a los ojos y afirmar que tú eres él o ella. Una vez cesa la desorientación inicial (uno o dos minutos), se crea la energía y la consciencia entre vosotros dos. Luego viene la apertura hacia un nivel de percepción totalmente nuevo a medida que entráis en un estado de unidad durante un instante sagrado. Es profundo.

Otras almas gemelas me cuentan que, mientras hacían el amor, ha habido momentos en los que verdaderamente han sentido la presencia de Dios. «Es algo espiritual». Otra persona me cuenta: «A veces es tan profundo que lloro».

Stuart cuenta: «En ocasiones experimento el hacer el amor como algo espiritual. A veces es más una experiencia física, pero sea cual sea, siempre es una expresión de amor». Stuart hace una pausa y reflexiona: «Quizás eso es espiritual. Desde que estoy con Mary no puedo imaginar el sexo sin amor. Cuando era más joven y jugueteaba, una gran parte del sexo era estrictamente algo físico, pero ahora he ido más allá».

El sexo sagrado puede experimentarse junto a un orgasmo, pero es mucho más que un orgasmo. Es como si vuestros espíritus y vuestras almas llegaran al clímax por encima de vuestro cuerpos físicos.

Es conocer la dicha.

Es el modo en que todos podemos vivir en una relación cuando comprendemos que somos nos lo merecemos, que somos dignos de ello. Aquí el amor contiene todo el significado. En una relación sagrada cada uno de nosotros realiza un plan divino para la sanación del mundo. Nuestro amor no sólo nos sana a nosotros, sino también a innumerables almas. Muchas personas le nos han dicho a David y a mí que nuestra relación los ha edificado e inspirado. De modo que tu relación será también una bendición para el mundo.

13

Parejas de almas gemelas que he conocido y querido

Es muy cierto que vemos en la vida aquello que esperamos ver. O, como Wayne Dyer expresó la frase en el título de su excelente libro, *Lo Verás Cuando lo Creas*. Cuando más creía yo en los milagros y en las maravillas que eran posibles en las relaciones, más veía ocurrir esas maravillas en mi propia vida y en las vidas de muchos otros.

Parece estar teniendo lugar una revolución en las relaciones, ya que cada vez más parejas se transforman y sanan sus pasados y se unen de maneras que son completamente distintas a las maneras en que fueron educados e instruidos. Actualmente hay parejas conscientes que se niegan a vivir en el status quo o a aceptar las normas de sus padres y amigos. Antes, están escogiendo vivir en relaciones sagradas transformadoras.

Esto es emocionante, no sólo para estas felices parejas, sino para todos. Llevan al mundo hacia una consciencia elevada de lo que es verdaderamente posible. Lo que una pareja consigue, pueden conseguirlo todos aquellos que realmente lo deseen. Los caminos del amor funcionan, no sólo para David y para mí, sino para aquellas amorosas parejas cuyas historias estoy encantada de relatar.

Marian y Don

Marian y Don se conocieron cuando ella todavía estaba en la universidad y fue contratada por Don como ayudante. En aquella época, Don estaba casado con su segunda mujer y era veintinueve años mayor que Marian. El principio de su relación fue únicamente profesional, de mutuo respeto y admiración. A lo largo de años trabajando juntos, su conexión, la cual estaba siempre presente a nivel profesional, empezó a hacerse más profunda a un nivel personal *después* del divorcio de Don.

Marian dejó el negocio de Don para trabajar en una empresa grande y de prestigio. En pocos años, ella trepó la escalera laboral hasta llegar a ser la tercera al mando. Su relación con Don también continuó ascendiendo por una escalera invisible.

Su mutuo amor y su entrega era total, aunque nunca se casaron. Don llevaba en el alma la creencia de que el matrimonio simplemente no funcionaría en su caso. En vista de sus antecedentes, temía que el matrimonio pudiese alterar de algún modo la dicha de su relación con Marian. No estaba dispuesto a ponerla en riesgo. Marian nunca renunció a su deseo de casarse con Don. Bromeó con él hasta el día en que él murió, diciéndole que en su próxima vida se casaría con ella primero y que ese sería su único matrimonio.

Sí, Don se puso enfermo, muy enfermo, de cáncer. Perdió la capacidad para hablar, pero nunca perdió su capacidad de amar a Marian. Su devoción y el carácter sagrado de su relación inspiraba a todos los que tuvieron el privilegio de conocerles. Han transcurrido cuatro años desde que David abandonó este plano terrenal, y Marian cuenta que todavía siente y percibe su presencia constantemente.

Aunque ella está en la treintena, no ha salido con otros hombres ni ha buscado otra relación. Sabe que no está preparada. «Siento que estaría siendo infiel a Don. Él sigue siendo parte de mi vida. Simplemente, todavía no estoy preparada. Algún día lo estaré, pero aún no lo estoy».

Incluso la aparición de la muerte no puede romper el vínculo de las almas gemelas.

Sandy y Burleigh

Sandy es una colega mía que rezó para atraer a su alma gemela mientras vivía en una parte remota del Pacific Northwest. Lo que viene a continuación es un extracto de una carta que me envió:

Cuando estábamos en la escuela, oí tantas historias horribles acerca de pastores que mantenían relaciones con feligreses del sexo opuesto que decidí (dado mi historial en relaciones) que probablemente no sería una buena idea para mí. Creía que si el «Sr. Adecuado» entraba por mi puerta, lo enviaría a la iglesia presbiteriana de mi calle.

Llegué a Port Angeles en Septiembre de 1988 y decidí con mucha rapidez que no deseaba ser pastora estando sola. Empecé a rezar por mi pareja perfecta, diciéndole a Dios que si Él estaba preparado para enviarme a esta persona, yo estaba preparada para recibirla. Mis compañeros de rezo (residentes en Port Angeles desde mucho tiempo atrás) soltaban todos una risita y me aseguraban que no encontraría a esta»pareja espiritual perfecta» en Port Angeles. De hecho, las apariencias externas parecían apoyar su cinismo. Durante los meses de Octubre y Noviembre continué con mi solicitud de mi «pareja espiritual perfecta».

El domingo antes de Acción de Gracias de ese año, Burleigh apareció en nuestra iglesia. Yo había conocido a una amiga suya justamente una o dos semanas atrás, y ella lo invitó a unirse a ella algún domingo porque «realmente le gustaría la

213

pastora». Ahí estaba él, de pie junto a la tienda de libros, con su tímida sonrisa de Burleigh, y lo reconocí de inmediato... y salí corriendo en la dirección opuesta!

El continuaba volviendo (su amiga regresó a la iglesia católica), y en Enero se unió a nuestra clase de nuevos miembros y se ofreció voluntario para un trabajo de remodelación de la iglesia. Cuando empezamos a hablar, nuestra timidez fue rápidamente superada. Teníamos tanto en común en cuanto a nuestros viajes espirituales...

Burleigh había estado viviendo en Forks, Washington, un diminuto y aislado pueblo maderero ubicado aproximadamente a setenta millas al oeste de Port Angeles. Acababa de vender su casa y se estaba mudando a Port Angeles por un breve período de tiempo antes de dirigirse hacia el sur. Broméé diciéndole que Dios lo había mantenido oculto en la profundidad de los bosques hasta que yo llegase, luego le di unas palmaditas en el hombro y le dije: «La he hecho llegar hasta Port Angeles. Sé que este chica no irá a Forks». Aunque no me vuelve loca la idea de vivir en un pueblo rural tan pequeñito como Port Angeles, no parecía haber nada que me impidiera estar ahí.

Mi decisión de no salir jamás con un feligrés se esfumó. Pero entonces mi «decisión» no era más que mi voluntad. Como siempre, Dios tenía algo más maravilloso en mente. De hecho, a decir verdad, realmente nunca «salimos». Simplemente nos enamoramos, nos dejamos ir y se lo dejamos a Dios.

Los senderos de vida individuales de las almas gemelas pueden variar enormemente, aunque hay algunas características que son constantes,

Conozco varias parejas que tienen uniones con su alma gemela que son una bendición. Sin embargo, para llegar a este punto, muchas de ellas tuvieron que experimentar matrimonios anteriores que acabaron en divorcio y que requirieron una gran sanación. Otras se conocieron siendo muy jóvenes y simplemente lo supieron. Se casaron jóvenes y han pasado años viviendo juntos y enamorados. Para algunas fue fácil. Para otras fue necesario mucho trabajo y muchas relaciones incumplidas.

Jack y Rosemary

Es realmente una alegría observar a las almas gemelas en acción. Rosemary y Jack eran una pareja así de radiante y vibrante. Se conocieron cuando ella era bastante joven, sólo contaba quince años, y era una estudiante de segundo año en la escuela secundaria de la que Jack se había graduado como un héroe del fútbol.

Jack cuenta que vio a Rosemary por primera vez cuando se fijo que estaba mirándolo en un partido de béisbol. Después del partido, él observó irse a caminando, y poco tiempo después empezó a aparcar el coche delante de su casa siempre que necesitaba ir a la tienda que estaba a una manzana de distancia. Jack tenía la esperanza de que Rosemary vería su coche y saldría al pórtico delantero a saludarlo. Eso fue exactamente lo que sucedió.

Rosemary dice que supo, a la edad de quince años, cuando salió con él por primera vez, que Jack era el hombre con el que se casaría. Recuerda Jack: «Yo supe que me casaría con ella la primera vez que la vi después del partido». Esperaron a que Rosemary tuviese veintiún años y Jack veintiséis para casarse, hasta que ahorraron suficiente dinero para comprar una casita.

Ambos hablan de la importancia de Dios y de su fe religiosa en sus vidas. Según Rosemary, «Es una parte tan importante de nosotros. Rezamos todo el tiempo, cuando necesitamos a Dios y cuando no lo necesitamos». Asisten a la misa católica a diario y rezan el rosario juntos cada mañana. Dice Jack: «Ayuda un poco a mantenernos unidos».

Cuando les sugerí que son almas gemelas, ninguno de los dos estaba familiarizado con el término. Cuando lo expliqué, estuvieron de acuerdo en que era cierto. Rosemary dijo: «Has dado en el clavo. Creo que es así».

Al igual que todas las almas gemelas que entrevisté que están viviendo en una unión sagrada, Rosemary y Jack no trabajan en su relación. «Simplemente está ahí», dice Jack. «Realmente no pensamos mucho en ello. Siempre hacemos de nuestra relación la prioridad».

Rosemary y Jack celebraron recientemente su cincuenta aniversario de casados. Los conozco desde que tengo siete años. Eran maravillosos entonces y me inspiraron siendo niña, y ahora son incluso más maravillosos e inspiradores. Están vivos, despejados, son sinceros, felices y amorosos. ¡Son increíbles!

Donna y John

Donna y John se conocieron cuando ella era anfitriona de un banco y viajaba de sucursal en sucursal abriendo nuevas oficinas, y él estaba en el departamento de relaciones públicas del banco. John había regresado a su ciudad natal después de la escuela de graduados y de pasar un tiempo en el ejército. Donna acababa de terminar la escuela secundaria y veía a John, quien tenía veintisiete años, como un hombre mucho mayor que ella.

John recuerda el inicio: «Yo nunca había querido casarme. Cambié de idea, y no me tomó mucho tiempo. Era como si la conociera desde mucho tiempo atrás. Sucedió realmente pronto para mí, enseguida, después de salir dos o tres veces». Durante su primera cita, le pidió a Donna su número de teléfono y lo escribió en una pedazo de papel. Veintinueve años más tarde, todavía lleva ese trozo de papel en su billetera.

Dona dice que, desde el principio, «me sentí segura en nuestra relación, como si pudiera decir cualquier cosa y ser yo misma y estar completamente a salvo». Habla de su unión en términos de reencarnación: «Creo que hemos estado juntos en muchísimas vidas. Pienso en nosotros como compañeros que se ayudan. Simplemente, realmente nos equilibramos el uno al otro». Donna una la conocida analogía de que la vida es una montaña rusa con subidas y bajadas. Pero, dice ella, ella no ve su vida así, sino como un columpio, con ellos dos equilibrados en el medio, en lugar de columpiarse en cualquiera de los extremos. Los dos dicen tener su propio ritmo natural para equilibrar al otro: si un se está sintiendo un poco fuera, el otro está ahí.

Relatan con risas la historia de la preocupación del padre de Donna por el hecho de que estuviese saliendo con un hombre mayor que ella. Preguntó a su hija cuáles eran las intenciones de John. De modo que, cuando salió con él esa misma noche, Donna le preguntó descaradamente: «John, ¿cuáles son exactamente tus intenciones?». John sólo vaciló ligeramente al responder: «Bueno, llevarte a cenar». Poco tiempo después, estaban comprometidos.

Donna y John han estado casados veintisiete años, y expresan mucha alegría en su relación. Los conozco lo suficiente como para saber que han tenido épocas que han sido un infierno absoluto. Perdieron a una hija que tenía sólo siete días de vida, en una época en que el impacto de la muerte de un bebé recién nacido sobre los padres era muy poco comprendido. Dice Donna: «Fortaleció nuestra relación. La hizo más madura y profundizó nuestro compromiso».

En 1990, John, quien corría diariamente, tuvo un derrame que lo dejó incapacitado para caminar o hablar, e incluso recordar su nombre. Donna recuerda cuán aterradora fue aquella época, pero ambos estaban enormemente entregados al otro y tenían fe en la bondad de Dios. «La entrega nos proporcionó fuerzas. Cuando estuvo enfermo, estuve muy entregada a él y absolutamente dispuesta a hacer lo que fuese necesario. Al hacer, adquirí fuerzas, por-

217

que al principio no creía que fuese capaz de ocuparme de todos los cuidados. Para mí, pasar por esto cuando John realmente se había convertido en un niño, fue muy poderoso. Mi autoestima aumentó. ¡Realmente me hice cargo de mi vida!».

Aunque los médicos dijeron que no sucedería, mediante la entrega y muchos rezos, John empezó a volver a ser quien era. Cuatro años más tarde, vuelve a estar sano y saludable. «Aunque esta sea una sociedad de usar y tirar», dice Donna, «sabemos que ninguno de nosotros dos es una mercancía de usar y tirar».

Dado su elevado nivel de entrega, ambos se sienten seguros, incluso cuando se pelean. ¿Cómo discuten? Donna cuenta: «Para mí, una vez te has comprometido con la relación, las dos personas se sienten seguras porque entonces puedes hacer o decir lo que sea necesario para aclarar las cosas». Añade John: «Nuestra relación nunca está implicada». *Jamás* hacen comentarios despectivos al otro cuando discuten.

Pero hay momentos durante sus discusiones en los cuales sus percepciones no son tan claras. Como señala Donna: «Podemos señalar al otro, pero nos damos cuenta rápidamente que eso no funciona. De modo que, entonces, trabajamos en nosotros mismos. Dice John: «Trabajamos en nosotros mismos porque nos entregamos a la relación». Continúa Donna: «Lo que sí funciona para mí es trabajar en mí misma. Entonces cambio y el desacuerdo se desvanece».

Donna y John han crecido en su entrega a lo largo de los años. Han criado con éxito y conscientemente a tres hijos, han dado muchísimo de sí mismos a los adolescentes de nuestra iglesia y han utilizado su fuerza y su fe para atravesar las tremendas dificultades de la salud de John. Viven a partir de su entrega, enamorados.

Jacquie y Peter

Jacquie y Peter se conocieron cuando participaban en un taller de fin de semana de crecimiento personal. Fueron emparejados en un ejercicio e, instantáneamente, empezaron a sentir que estaba sucediendo algo más. Pasaron gran parte de ese primer fin de semana juntos, trabajando en sí mismos y conectando entre ellos. Ambos se sintieron abrumados por lo que había ocurrido y les resultó un poco difícil procesar plenamente la experiencia.

Vivían a casi mil millas de distancia el uno del otro, y Jacquie regresó a casa antes que Peter. Ella es psiquiatra, y regresó a su despacho al día siguiente, vio a diez pacientes, y empezó a cuestionarse lo que había sucedido durante el fin de semana. «De modo que llamé al aeropuerto pensando, quizás lo encuentre antes de que tome el vuelo a casa. Simplemente deseaba oír su voz y recuperar la sensación de que esto había sucedido realmente. Yo ya había regresado a mi rutina, y creía absolutamente que me había inventado todo esto».

Mientras tanto, Peter se encontraba en el aeropuerto hablando con un amigo mientras esperaba su vuelo. Introdujo la mano en el bolsillo, extrajo la tarjeta profesional que Jacquie le había dado y la miró por primera vez. «Grité: ¡Es médico!. Si hubiese sabido que era médico jamás me hubiese acercado a ella. Simplemente, no me acercaba a nadie que fuese así. Entecos empecé a entrar en el avión y oí que me llamaban por el altavoz. Respondí a la llamada y la voz al otro lado me dijo: ¿Ha sido todo esto real? Le respondí: "Sí lo ha sido" (¡Quieto, corazón!) Podría haber conducido aquél avión a casa yo mismo, de tan feliz que estaba».

Peter dice que caminaba de un lado al otro durante aquella conversación telefónica. Después de reconocer ante Jacquie que su encuentro era real, dejó escapar impulsivamente: «Fue maravilloso y fue un gran fin de semana y te amo, y ¿sabías que eras médico?».

Jacquie añadió rápidamente: «Funciona en ambos sentidos. A mi me sucede que no quiero que nadie, nadie, sepa que soy médico. Cualquiera que supiese que soy médico no querría ni conocerme».

El hecho de que Jacquie fuese médico no hizo ninguna diferencia, ya que esta pareja tiene un vínculo increíble. Peter dice que, después de conocer a Jacquie, «Todo marchó sobre ruedas. No tuvimos que acostumbrarnos el uno al otro. Simplemente encajamos. Ahora que estamos juntos, es como si nunca hubiésemos estado separados. Nunca hubo otra vida. Nunca ha hubo otro matrimonio».

Desde el punto de vista de Jacquie, «Si no hubiese tenido esta experiencia y alguien me lo contara, diría, "¡Oh, claro!". Ella dice que, después de un segundo divorcio, había abandonado sus sueños de tener tanta tranquilidad y tanto amor en una relación. «Estar con la persona con la que más deseas estar en el mundo, estar con tu mejor amigo, es realmente un cuento de hadas. Esto verdaderamente supera toda la magia del mundo... y he conseguido estar con él».

Añade Peter: «Amo muchísimo a Jacquie, pero también me gusta. Es mi amiga. Creo que te tiene que gustar alguien para llegar a amarla. Con Jacquie es fácil. Es una persona que agrada fácilmente. Nunca tengo que actuar con ella. Nunca tengo que ser nada que no sea. Amo a Jacquie más que..., no puedo decirlo con palabras. Simplemente brota en mi corazón». También brotó en los ojos de Peter, así como en los de Jacquie, en los de David y en los míos mientras hablábamos con ellos. Su amor es tan absoluto que llenaba toda la habitación.

Peter dice que él y Jacquie se preguntan con regularidad: «¿Va todo bien?». Continúa: «Cada cierto tiempo aparece una sombra entre nosotros. Algunas personas imaginarían: Bueno, ella se ha enfriado. Realmente no me ama. Debe ser algo que he dicho o hecho. Pero Jacquie y yo hemos aprendido que simplemente debemos preguntar: "¿Va todo bien?". Entonces todo vuelve a estar bien, todo se aclara. Ella está ahí para mí y yo estoy ahí para ella. Es dar y recibir, todo el tiempo».

Esa sencilla pregunta es una forma de lo más útil de mantener limpia la energía y mantenerse unidos. Jacquie y Peter comparten el entendimiento de que cualquier cosa que esté sucediendo, nunca se trata de la otra persona. Cuenta Peter: «He sido capaz de crecer hasta donde me siento realmente cómodo en esta relación. Me acepto porque tú me aceptas tanto. Me siento agradecido porque se ha desarrollado algo en mí que no podría haberse desarrollado sin ti. Si empiezo sentir que estás distanciándote, quizás un uno por ciento sea porque estás actuando de un modo ligeramente distinto. Pero un 99 por ciento es la proyección de mi miedo».

Jacquie y Peter son almas gemelas que se encontraron en la mitad de la vida. Se deleitan en su amor y en el descubrimiento constante de lo que es posible para ellos individualmente y como pareja debido a su amor.

Liz y Hank

Liz y Hank tienen claro mentalmente y emocionalmente quiénes son individualmente, como pareja y como padres en una familia ampliada. Ambos estuvieron antes casados, Hank en dos ocasiones y Liz en una. Sabían lo que no funcionaba.

Hank comparte su percepción de su relación: «Lo que fue una revelación para mí en mi relación con Liz es que no hay problemas. No se oculta nada. No necesitamos no ser capaces de contarnos absolutamente cualquier cosa y todo en el momento. Decimos toda la verdad con la mayor rapidez posible. Realmente funciona para nosotros».

Continúa Hank: «Es, sencillamente, tan distinto de cualquier otra cosa que haya tenido. En mis relaciones anteriores, la mujer tenía que ser mucho menor que yo, tenía que tener un cierto aspecto, tenía que hacer ciertas cosas, tenía que ser de una cierta manera. Con Liz nada de esto hace ninguna diferencia. Está muy claro para mí que debemos estar juntos».

El modo en que estas dos almas gemelas solucionan los problemas que surgen es comprendiendo, según Liz, que «los problemas están relacionados con nuestro pasado, de manera que somos capaces de apoyarnos el uno al otro con mucha suavidad, pero directamente, sin ocultar los asuntos a tratar, y aclaramos rápidamente cualquier cosa que haya».

Les pedí que explicara en mayor detalle cómo funciona para ellos el apoyarse. Hank empezó recalcando que el apoyo es recíproco y que «no hay nada correcto o equivocado. No hacemos que el otro esté equivocado ni tenemos que estar nosotros en lo cierto. Se trata meramente de compartir: «Esto es lo que yo veo, y me estoy alejando de tu posición. De modo que tómalo y úsalo como creas conveniente, pero no tengo ningún plan en relación esto. No tengo ningún problema en relación a esto. No tengo ningún juicio en relación a esto. Es simplemente lo que veo'. Si la veo conflicto, por ejemplo, intento ayudar ofreciendo mi ayuda de este modo».

Todos podemos aprender esta técnica de apoyo utilizada por Hank y Liz.

Como tantas otras almas gemelas que he conocido, éstas dos expresan la comodidad absoluta del uno con el otro y la familiaridad casi instantánea cuando se conocieron. Dice Hank: «Había una sensación de haber estado juntos durante mucho tiempo. Aquella sensación estuvo ahí desde el principio de nuestra relación. Encarnaba la comodidad, el conocimiento, la confianza y el carácter incondicional del amor que había entre nosotros».

Añade Liz: «Nuestra relación me deja libre para explorar otras cosas sin que la relación sea una preocupación. Es una libertad que nos hemos proporcionado el uno al otro para poder ocuparnos de la familia, la carrera, intereses espirituales, la academia o cualquier otra cosa sin el pensamiento de que

Hank podría estar enfadado, podría querer tener la cena en la mesa. Con frecuencia veo a otras personas a mi alrededor que están preocupadas por lo que yo llamaría pequeñeces, y como resultado de ello, no se atiende otras áreas de crecimiento. La persona está centrada en las peculiaridades de fulano y en si se enfadará o no».

Interviene Hank: «El sentimiento de alma gemela para mí tiene que ver con ser conscientes de quienes somos en la relación y también con ser conscientes de que cada uno de nosotros tenemos toda una historia. Honramos totalmente el hecho de que tenemos toda una historia y que ninguno de los dos tiene nada que ver con lo que aparece a raíz de esta historia».

Hank explica que, cuando surgen viejos asuntos (historia) en uno de los miembros de la pareja, el otro pregunta: «¿Es esto algo que proviene de tu historia?». Su proceso continúa cuando uno de ellos dice a continuación algo así como: «Estoy aquí para ayudarte. Dime lo que necesitas. No voy a adivinarlo. No voy a fingir que sé más que tú».

Me encanta la historia de cómo se conocieron Liz y Hank un fin de semana, compartieron algunas cosas, pero no se volvieron a ver hasta un año más tarde en una fiesta. Liz necesitaba que alguien la llevase a casa, Hank le hizo el favor, y al día siguiente la llamó y le pidió que lo acompañase a un seminario. Después del seminario, la llevó otra vez a casa, empezó a pasar por casa de Liz con regularidad, y no se marchó jamás. «Me quedé de por vida», sonríe Hank.

De todas las parejas de almas gemelas que conozco, Hank y Liz tienen la relación más extraordinaria con su familia ampliada, la cual incluye a Je, el hombre con el cual Liz estuvo casada durante diecisiete años y padre de sus tres chicos.

Al principio de la relación, Liz y Hank se dieron cuenta de que si los tres hijos de ella habían de crecer en un entorno sano, estable y amoroso, su padre debía continuar siendo una

223

parte importante de sus vidas. Lograr esto conscientemente, estando atentos a los riesgos, y de una forma amorosa, sin que ninguna de las dos partes se sintiera amenazada, se convirtió en su objetivo.

Ambos se dieron cuenta, en palabras de Liz, de que «Podíamos tener una vida de grandes conflictos si los niños no se sentían cómodos con los tres adultos». Los tres llegaron a darse cuenta de que debían dejar de lado sus egos. Y eso fue exactamente lo que hicieron. Considero que lo que vino a continuación es notable y es un testimonio vivo de los resultados que se pueden obtener cuando los padres son suficientemente maduros emocionalmente y espiritualmente como para mantenerse centrados en el bienestar de los niños. Cuando esto ocurre, la familia ampliada puede vivir en un estado de paz e integridad, en un enorme espacio abierto, en lugar de hacerlo en el conflicto, el disgusto, la lucha y la estrechez de miras.

Hank dice que ahora considera a Joe uno de sus mejores amigos, y Liz interviene de inmediato para decir que ella también: «Hacemos juntos todo aquello que involucre a los chicos. Vamos a sitios. Compartimos automóviles. Hacemos de entrenadores de fútbol juntos».

El negocio de diseño de suéters de Liz le exige viajar mucho los fines de semana a exhibiciones de arte, y Hank deja su práctica de abogado para ayudarla. Cuando están fuera de la ciudad, Joe se queda con sus hijos en casa de Hank y Liz (gustosamente) y lo único que pregunta es: «¿Estaréis en casa para la cena?». Dice Liz: «Es tan fácil. Apoya a todo el mundo». Hank está de acuerdo, y añade: «Esto es lo que sucede cuando hay un compromiso incondicional, al 100, con la otra persona. Estamos entregados el uno al otro, totalmente. Pase lo que pase, seguimos estando comprometidos».

La relación sagrada que comparten Hank y Liz es suficientemente amplia como para abarcar, no sólo a los tres hijos y el ex-marido de ella, sino también a los tres hijos adultos de

Hank y a sus ex-esposas. Ellos dan un ejemplo extraordinario de lo que es posible cuando el amor es más importante que cualquier otra cosa.

Kathy y Dick

El matrimonio de Kathy y Dick es el segundo para ambos. Kathy, quien ahora es madre de dos niños pequeños y dirige un seminario para parejas, describe su relación como «en un plano diferente del que la mayoría de la gente está acostumbrada. No es que seamos mejores que otras parejas, sólo diferentes. No es un tipo de relación utilitaria en la cual la comunicacón está aun nivel en el que sólo se habla de cosas prácticas. Es mucho más profunda que eso. Está a un nivel espiritual».

Continúa: «Tienes que estar entero y luego unirte. Individualmente, tenemos una relación muy estrecha con Dios. Para mí, estar con mi alma gemela es como amar a alguien desde el interior».

Dick, psicólogo, da más detalles: «Yo no pondría en duda que nuestros caminos se han cruzado antes y que continuarán haciéndolo en el futuro».

Kathy interviene, compartiendo sus sentimientos en relación a su primer encuentro con Dick: «A medida que me iba acercando a él (ella estaba en una revista teatral y estaba abordando a los miembros del público), pensé, Oh, he conocido a esta persona antes. Lo supe aquella noche cuando me senté junto a Dick. Simplemente lo supe».

Dick parece complacido al oír las palabras de Kathy y le pregunta: «¿Cómo te hizo sentir eso?».

Ella responde: «Segura, realmente segura».

Al describir su relación, Kathy dice que, en muchos sentidos, son como piezas de un rompecabezas que se unen. Por ejemplo, «Él tiene un don natural para escuchar, y yo tengo un don natural para hablar. Lo veo a él como un regalo de Dios. Nuestra vida en común es un regalo de Dios».

Kathy explica más: «Parte del hecho de ser almas gemelas es tener una visión realmente positiva de la otra persona y de la relación. Dick podía ver en mí cosas que yo no era capaz de ver. Yo podía ver en él cosas que él era incapaz de ver. Nos hacíamos propaganda el uno al otro; todavía lo hacemos».

Añade Dick: «Antes de conocernos, los años de mi vida, las épocas difíciles, la depresión, el trauma, la pérdida, fueron una preparación para nuestra relación. Simplemente estaba preparado para que sucediera. Tenía el conocimiento de que tenía que haber algo más que la congoja. Tenía que haber un nivel más profundo, mejor, de conexión, de entendimiento, y de apoyo. También sabía que había más en la espiritualidad que sólo ir a la iglesia. Tenía este conocimiento en mi interior de que había muchas más cosas que se estaban cociendo en mi interior, y lo estaba buscando. No armé la idea de una existencia espiritual con un alma gemela hasta más tarde».

La experiencia de Kathy con lo que yo llamo «el conocimiento» era muy similar a la mía. Al describir su primer matrimonio, dice: «Supe que me había metido en un problema cuando caminaba por el pasillo de la iglesia. Mi padre lo sabía. ¿No es horrible? No escuche a mi voz interior».

Kathy prosigue: «Creo que para tener una relación sana o una relación con un alma gemela, tienes que ser espiritual o al menos estar viajando en el mismo avión. De lo contrario, obras de acuerdo con las reglas, pero siempre hay un vacío».

Bill y Julianne

Bill y Julianne son una pareja joven absolutamente adorable de mi iglesia. El año pasado, Bill, que era alumno en una clase muy grande a la cual yo enseñaba, estableció las metas que deseaba alcanzar como resultado de aplicar los principios espirituales que estaban siendo enseñados en esta clase de doce horas.

El objetivo principal de Bill era conocer a su alma gemela y tener una relación sagrada. Ciertamente, era una de las estrellas más brillantes de esa clase, y su resplandor era contagioso. Bill resume su filosofía después de haber encontrado a su alma gemela y saber que deseaba que ella fuera su mujer: «Voy a trabajar en mí mismo y a amarla».

Julianne describe dónde se encontraba emocionalmente cuando ella y Bill se conocieron. Había pasado tres años aprendiendo cosas acerca de sí misma, «pero realmente nunca miré en mi interior. Yo era una persona que siempre miraba hacia afuera. Después de realizar todo un trabajo de recuperación, había decidido que el denominador común en mis malas relaciones era yo. Yo era la única persona a la que podía mirar realmente. No había nadie más a quien culpar. Bill me abrió la puerta para averiguar qué se siente al ser capaz de compartir y expresar opiniones, de florecer, de abrirme paso entre mis miedos, de abrirme y decir las cosas».

Julianne y Bill viven a partir de la creencia central de que ello «pueden tener siempre alegría» en su relación. Según Bill: «Siempre puede haber paz. Siempre puede haber serenidad. Mi única tarea en esta relación realmente es únicamente amar a Julie. No tengo que cambiarla. No tengo que perder el tiempo con quién es ella. Mi única tarea consiste en amarla incondicionalmente. Además de eso, mi tarea consiste en trabajar en mí mismo».

Julianne, como muchas otras mujeres jóvenes, no tenía experiencia de primera mano de cómo ha de ser una buena relación. «Leía libros que decían cosas como: obtén una imagen de lo que te gustaría. Leí unos libros horribles acerca de las relaciones que se centraban en la descripción física. Estaba más o menos relacionado con la genética y con el aspecto que tendrían nuestros hijos versus cómo sentiría la relación. No tenía amigos que hablaran de cómo sentían sus relaciones. Todos tenían unas relación es muy malas. Había muchísima rabia en esas mujeres. Había muchísima rabia en sus relaciones. Hablaban de lo horribles que eran los hombres y de lo horribles que eran sus relaciones. Sentía que las estaba escuchando porque eran mis amigas, pero en mi interior no sonaba cierto».

A medida que Julianne empezó a separarse de esta actitud demasiado común, «Leía todos los libros sobre relaciones que encontraba. Construí una relación muy fuerte con Dios. Recé muchísimo y busqué en mi alma para determinar cuál era mi esencia central y en qué necesitaba trabajar. Empecé a estar dispuesta a compartir mis sentimientos».

Una de las cosas que Julianne descubrió en su viaje emocional y en la recuperación de su alma fue que ni siquiera estaba segura de lo que era un sentimiento: tenía que aprender a través del apoyo de un grupo amoroso. A través de un trabajo interior, empezó a reconocer su propia rabia no sanada: «En ese momento quise abandonar, porque pensé, Este es el peor estado, el enfado. Aprendí las formas apropiadas de dejar salir mi enfado. Fue entonces cuando empecé a ser más abierta. Cambié casi totalmente de amigas. Ya no podía estar con estas mujeres tan, tan enfadadas. Entonces empecé a conocer gente nueva en un lugar diferente».

Cuando pregunto a Bill y Julianne acerca de su encuentro y del hecho de ser almas gemelas, Bill dice: «Cuando apareció Julianne, yo tenía los ojos abiertos y la reconocí por ser quien era. Julie se sintió segura. Tenía una presencia que era muy poderosa. Realmente creo que en todas las relaciones que tengo, mientras asuma la responsabilidad por todo lo que deseo, puedo crearlas exactamente tal como las deseo. Un concepto en el que creo muchísimo es que, como seres humanos, tenemos unos imanes que nos ponemos encima, y que aquello que yo deseo atraer será atraído hacia mí por estos imanes. De modo que, si lo que deseo es seguridad y una relación que sea enriquecedora, entonces me pongo mis imanes de seguridad y enriquecimiento y atraigo eso en Julie. No puedo forzarla a enriquecerme y a que cree seguridad para mí. No obstante, si ese es el espacio del cual provengo, será, en sí mismo y por sí mismo, atractivo para los propios rasgos de enriquecedores y de seguridad de ella.

Pregunté a Bill y Julianne cómo se sienten cuando los escépticos proyectan su cinismo en esta pareja expresiva y feliz diciendo cosas como: «Sí, claro, la vida siempre será alegría y felicidad». La respuesta de Bill me pareció curiosa: «Cuando oigo a los demás de ir eso, me motiva». Hace una pausa: «¡Un momento! ¡Creo que no estoy dejando que mi luz brille con suficiente fuerza!». Continúa: «Sé que puedo crear todo lo que obtengo, y todo lo que he obtenido ha sido mi responsabilidad en términos de mi reacción y mis percepciones. Cualquier cosa que yo esté dejando salir no es suficientemente claro para que los demás lo comprendan. Si estoy recibiendo negatividad como respuesta, no debo estar dejándolo suficientemente claro. De modo que estas actitudes no hacen más que redoblar mis esfuerzos. Es como, deja que piense en otro modo de expresarlo, o de decirlo, o de mostrarlo, para que puedan comprenderlo y abandonar esas actitudes negativas respecto a las relaciones».

Bill y Julianne saben que amarse incondicionalmente les sirve y sirve a su vez a toda persona que encuentren al avanzar por su vida en común viviendo enamorados.

Felicia y Luis

Algunas parejas de almas gemelas son mixtas racialmente. Lo que he encontrado más interesante y sorprendente entre las personas que he conocido, es que no atraen ningún prejuicio externo. Esto es claramente un reflejo de su gran aceptación y amor interiores.

Felicia, la auxiliar administrativa de mi iglesia, conoció a su marido, Luis, en la universidad cuando ella tenía dieciocho años y él diecinueve. Felicia creció en un barrio de clase media alta, era la hija menor de una familia de ascendencia griega y alemana. Luis es de la República Dominicana, tiene ascendencia india, española y africana, y es el menor de ocho hermanos. A la edad de diez años se mudó a Brooklyn, Nueva York, con su madre, un hermano y una hermana.

A pesar de venir de entornos muy distintos, su amor por el deporte hizo que ambos ganasen becas de atletismo.

Recuerda Luis: «La primera vez que vi a Felicia, ella acababa de terminar la escuela secundaria y estaba en la universidad, conociéndola. Se encontraba en la sala de gimnasia, levantando pesas, y estaba tan delgada y tan débil, ¡que ni siquiera era capaz de levantar la barra sin peso! Sentí lástima por ella.

«No volví a verla hasta un año más tarde y recordé: aquella chica delgada, realmente deseaba salir con ella. Me fijé en ella, pero ella no se fijó en mí. Sin embargo, fui perseverante y, finalmente, un amigo nos presentó. Mi primera frase fue: ¿Hablas español?'. ¿Qué?' exclamó Felicia. Empezamos a ir por ahí juntos y, finalmente, le pregunté: ¿Estamos saliendo?'. Ella respondió: Supongo que sí'.

Dice Felicia: «Me atrajo la sinceridad de Luis. No tenía miedo de ser él mismo. Teníamos los mismos ideales: ver lo bueno en todo el mundo, desviarnos de nuestro camino para ayudar a que los demás se sientan cómodos y a gusto consigo mismos. Compartíamos una creencia en Dios y en que había una razón por la cual estábamos juntos. A los dos nos enseñaron de niños: todo lo que sale, regresa. Ambos vivimos según la comprensión de que lo que emitimos regresa más tarde a nuestras vidas».

Felicia continúa: «Nuestra unión va mucho más allá de lo físico. Es mucho más profunda que eso. Desde el principio, había algo más. Nos comprendíamos».

Añade Luis: «Su personalidad encajaba conmigo».

Les pedí que compartieran conmigo sus reflexiones acerca de la aceptación de sus familias.

«En mi país,» empieza Luiz, «no hay tantas barreras raciales o de color. A mi madre le encantó Felicia. Mi madre me amaba, y ella hubiese amado al instante a cualquier persona que yo amase».

Dice Felicia: «Yo fui educada para respetar a las otras razas. Nunca pensé que mi familia tuviera prejuicios, pero no les conté que salía con él hasta que me gradué. Durante todos los años de universidad conocían a Luis, pero creían que éramos sólo amigos».

«Temía tener que elegir. No es que hubiese tenido que escoger entre mi familia y Luis, pero sabía que estaba eligiendo a mi ser', mi bien más elevado, que era la relación. Hubiese sido demoledor si me hubiesen rechazado, pero mi padre me preguntó: ¿Esto es lo que te haría feliz?'. Mis padres temían que la sociedad me hiciera daño».

Luis y Felicia tienen muy claro su compromiso a amarse y están de acuerdo en que no son conscientes de atraer prejuicios externos. Están tan a gusto siendo quienes son individualmente, como pareja y como familia, que en sus experiencias ha aparecido ningún pensamiento estrecho perjudicial.

Felicia y Luis tienen ahora dos niños adorables (estoy feliz de decir que el más pequeño es mi ahijado) a los que se les está enseñando que Dios creó a todo el mundo igual. No importa cuán diferentes seamos, nuestras diferencias hacen de nosotros personas únicas e interesantes.

Concluye Luis: «Realmente creo que el racismo aparece cuando la gente es simple y por su propio temor».

Felicia y Luis son una pareja enormemente amorosa que siguió su corazón y encontró la felicidad.

Al entrevistar a estas almas gemelas y al conocer a muchas más, he identificado una serie de actitudes y características que todas ellas comparten. Os las ofrezco como pautas:

- Compartir la vida espiritual. Caminar por un sendero similar.
- Ver a tu pareja como un regalo de Dios.
- Amar incondicionalmente y apoyarse el uno al otro.
- Partir de la gratitud en la relación.
- Reconocer la esencia amorosa del otro.
- Trabajar en ti mismo (tu pareja hará lo mismo). Como resultado experimentarás pocas exigencias basadas en el ego. No discutir sobre lo intrascendente.
- No contar los puntos.
- No ser propensos a los celos.
- No tener tareas «masculinas» y «femeninas» en casa.
- Sentirse seguros, a salvo en toda situación.
- Amar a tu pareja desde el interior.
- Mantener una visión elevada de la relación.
- Mantener una visión elevada de tu pareja.
- Ver la vida como una aventura, siempre en movimiento, creciendo, siendo más.
- Estar a gusto juntos, con un elevado nivel de comodidad.
- Respetar la diferencias de tu pareja.

- Dar consejos sólo cuando te los piden.

- Divertiros juntos.

- Ser abiertos, amables y amorosos con todos.

- Mantener siempre la relación como máxima prioridad.

Si todavía estás buscando a tu alma gemela, y deseas intensamente entrar en una unión así de transformadora y sagrada, he aquí algunas otras pautas a tener en cuenta.

No limites a Dios ni te limites a ti mismo o a ti misma creyendo que tu pareja perfecta tiene que ser de tu zona de la ciudad o de un radio de diez millas. He oído a gente decir que alguien era «geográficamente indeseable» porque la pareja potencial vivía en el país de al lado. Varias parejas de almas gemelas de las que he hablado en este libro atravesaron el país para estar juntos. Han cambiado de profesión, han dejado atrás muebles y pensiones, para vivir enamorados. Una pareja que conozco mantuvo una relación de larga distancia entre Sudáfrica y Chicago y ahora están felizmente casados. A Dios gracias, ambos trabajan en líneas aéreas, ya que las mujer todavía viaja de Sudáfrica a Detroit para tomar sus vuelos. Si alguna vez has utilizado la frase «geográficamente indeseable» como excusa, ha llegado el momento de analizar tus prioridades.

Las almas gemelas suelen tener muchas y muy variadas experiencias de vida antes de unirse. Yo pedí que mi alma gemela fuese de una edad compatible. David es ocho años mayor que yo. Me alegro que no sea veintiocho años mayor, pero hay parejas de almas gemelas en las cuales la diferencia de edad es enorme. Has de estar abierto a una imagen mucho más amplia que la que albergabas siendo adolescente.

Las almas gemelas provienen de todos los entornos, son de todas las formas y tamaños, de todas las razas y nacionalidades, de todas las edades. Lo que tienen en común es que viven llevados por el corazón. Han realizado todo un viaje desde la cabeza hasta el corazón para ser capaces de reconocerse cuando se encuentran. Sus ojos están abiertos. Estaban preparados, y ahora viven enamorados. Están viviendo aquello que sabían, desde mucho tiempo atrás, que era posible. Puede sucederte a ti. Le está sucediendo ahora a muchos. Me sucedió a mí.

Aquí tienes *Un Curso de Amor*. Practica lo que se expone. Contempla tu vida, tu historia y tus pautas en profundidad. Sana. Aprende tus lecciones del alma. Perdona. Despierta. Sé abierto, amable y amoroso, y el Amor Divino atraerá hacia ti a tu pareja perfecta.

Dios te bendiga.

Conferencias y talleres con...
Joan Gattuso

Los escritos de Joan Gattuso son equiparados o quizás incluso superados por sus conferencias inspiradoras y sus talleres que ha realizado para personas de todo Estados Unidos. Su estilo es amoroso, poderoso, cálido, gracioso, motivador y siempre entretenido.

Las vidas de muchas personas han cambiado después de asistir a las presentaciones de Joan y seguir los principios universales que enseña acerca de cómo crear relaciones ideales y una vida feliz, satisfactoria.

Si deseas información para contratarla para una presentación, o para conocer las fechas de sus conferencias y talleres, o bien deseas un catálogo de los videos que hay disponibles, llama al 1-800-2LOVEU2 (256-8382) o escribe a:

> Joan Gattuso Presentations
> P.O. Box 22685
> Beachwood, OH 44122

Índice

Agradecimientos 11
Introducción 15

1. Relaciones: ¿Sagradas o infernales? 21
2. ¿Me amas a mí o a mi cuerpo? 43
3. Estar necesitado no es atractivo 61
4. Leyes espirituales para la vida 79
5. Mira con los ojos del amor 89
6. Examina tus patrones 105
7. Reconocer tus «cosas» y trabajar en ellas 123
8. Perdona, perdona, perdona 135
9. Visualiza, reza, medita 151
10. Elevarse en el amor 177
11. Las almas gemelas se encuentran
    ahora en la puerta 42 183
12. Sexo sagrado 199
13. Parejas de almas gemelas
    que he conocido y querido 211